税收制度分类指引丛书

软件企业和集成电路企业税费优惠政策指引

《税收制度分类指引丛书》编写组　编

中国税务出版社

图书在版编目(CIP)数据

软件企业和集成电路企业税费优惠政策指引/《税收制度分类指引丛书》编写组编. -- 北京:中国税务出版社,2021.8
(税收制度分类指引丛书)
ISBN 978-7-5678-1126-3

Ⅰ.①软… Ⅱ.①税… Ⅲ.①软件开发-电子计算机工业-税收政策-优惠政策-中国②集成电路产业-税收政策-优惠政策-中国 Ⅳ.①F812.423

中国版本图书馆 CIP 数据核字(2021)第 164534 号

丛 书 名: 税收制度分类指引丛书
书　　名: 软件企业和集成电路企业税费优惠政策指引
作　　者:《税收制度分类指引丛书》编写组　编
责任编辑: 孙晓萍
责任校对: 姚浩晴
技术设计: 刘冬珂
出版发行: 中国税务出版社
北京市丰台区广安路 9 号国投财富广场 1 号楼 11 层
邮政编码:100055
http://www.taxation.cn
E-mail:swcb@taxation.cn
发行中心电话:(010)83362083/85/86
传真:(010)83362047/48/49
经　　销: 各地新华书店
印　　刷: 天津嘉恒印务有限公司
规　　格: 787 毫米×1092 毫米　1/16
印　　张: 6
字　　数: 103000 字
版　　次: 2021 年 8 月第 1 版　2021 年 8 月第 1 次印刷
书　　号: ISBN 978-7-5678-1126-3
定　　价: 18.00 元

编者说明

为持续深化税务“放管服”改革，进一步优化税收营商环境，更好地服务纳税人缴费人，国家税务总局组织编写了税收制度分类指引。《“大众创业　万众创新”税收优惠政策指引》《“走出去”税收指引》《支持脱贫攻坚税收优惠政策指引》《支持疫情防控和经济社会发展税费优惠政策指引》《研发费用税前加计扣除新政指引》《小微企业、个体工商户税费优惠政策指引》等相继发布。据此，编者组织编写了**《税收制度分类指引丛书》**，本书是第 13 本。

近年来，党中央、国务院高度重视软件企业和集成电路企业发展，出台了一系列税费支持政策，有力支撑了国家信息化建设，促进了国民经济和社会持续健康发展。为深入贯彻落实《关于进一步深化税收征管改革的意见》要求，国家税务总局于 2021 年 7 月发布《软件企业和集成电路企业税费优惠政策指引》，梳理形成了涵盖 20 项针对软件企业和集成电路企业的税费优惠政策指引内容，每项指引列举相关事项的**享受主体**、**优惠内容**、**享受条件**和**政策依据**。根据**政策依据**增加**延伸阅读**，以便纳税人缴费人快捷地查询、使用相关政策，满足其个性化需求。

为方便读者使用，对在**延伸阅读**中首次出现的政策进行**编码**。例如：编码“1－1”中的第一个数字“1”代表该政策所指向的税收事项——“1. 软件产品增值税超税负即征即退”的编号，第二个数字“1”代表该政策在政策依据中出现的顺序。该政策再次出现时，标注“（见 P2 1-1）”。本书所涉及的所有政策在正文后按编码排序制作了延伸阅读索引，便于读者查找。

本书所收录的文件截至 2021 年 4 月底。具体执行时请参照最新发布的法律、法规、规章及规范性文件的规定。

更多税收政策请登录中国税务出版社税收资讯网（http://www.taxation.cn）查阅。

编写组

2021 年 8 月

目　　录

一、软件企业税收优惠

1. 软件产品增值税超税负即征即退

享受主体

自行开发生产销售软件产品（包括将进口软件产品进行本地化改造后对外销售）的增值税一般纳税人。

优惠内容

增值税一般纳税人销售其自行开发生产的软件产品，按 17%（自 2018 年 5 月 1 日起，原适用 17% 税率的调整为 16%；自 2019 年 4 月 1 日起，原适用 16% 税率的调整为 13%）税率征收增值税后，对其增值税实际税负超过 3% 的部分实行**即征即退**政策。

享受条件

软件产品需取得著作权行政管理部门颁发的《计算机软件著作权登记证书》。

政策依据

1）《财政部　国家税务总局关于软件产品增值税政策的通知》（财税

〔2011〕100号）

2）《财政部　税务总局关于调整增值税税率的通知》（财税〔2018〕32号）第一条

3）《财政部　税务总局　海关总署关于深化增值税改革有关政策的公告》（财政部　税务总局　海关总署公告2019年第39号）第一条

延伸阅读

1-1①《财政部　国家税务总局关于软件产品增值税政策的通知》

2011年10月13日　财税〔2011〕100号

各省、自治区、直辖市、计划单列市财政厅（局）、国家税务局、地方税务局，新疆生产建设兵团财务局：

为落实《国务院关于印发进一步鼓励软件产业和集成电路产业发展若干政策的通知》（国发〔2011〕4号）的有关精神，进一步促进软件产业发展，推动我国信息化建设，现将软件产品增值税政策通知如下：

一、软件产品增值税政策

（一）增值税一般纳税人销售其自行开发生产的软件产品，按17%税率征收增值税后，对其增值税实际税负超过3%的部分实行即征即退政策。

（二）增值税一般纳税人将进口软件产品进行本地化改造后对外销售，其销售的软件产品可享受本条第一款规定的增值税即征即退政策。

本地化改造是指对进口软件产品进行重新设计、改进、转换等，单纯对进口软件产品进行汉字化处理不包括在内。

（三）纳税人受托开发软件产品，著作权属于受托方的征收增值税，著作权属于委托方或属于双方共同拥有的不征收增值税；对经过国家版权局注册登记，纳税人在销售时一并转让著作权、所有权的，不征收增值税。

---

① 为方便读者检索，编者对首次出现的延伸阅读内容进行编码。该编码中的第一个数字“1”代表该政策所指向的税收事项——“1. 软件产品增值税超税负即征即退”，第二个数字“1”代表该政策在政策依据中出现的顺序。以下编码同此。

二、软件产品界定及分类

本通知所称软件产品，是指信息处理程序及相关文档和数据。软件产品包括计算机软件产品、信息系统和嵌入式软件产品。嵌入式软件产品是指嵌入在计算机硬件、机器设备中并随其一并销售，构成计算机硬件、机器设备组成部分的软件产品。

三、满足下列条件的软件产品，经主管税务机关审核批准，可以享受本通知规定的增值税政策：

1. 取得省级软件产业主管部门认可的软件检测机构出具的检测证明材料；

2. 取得软件产业主管部门颁发的《软件产品登记证书》或著作权行政管理部门颁发的《计算机软件著作权登记证书》。

四、软件产品增值税即征即退税额的计算

（一）软件产品增值税即征即退税额的计算方法：

即征即退税额 = 当期软件产品增值税应纳税额 − 当期软件产品销售额 ×3%

当期软件产品增值税应纳税额 = 当期软件产品销项税额 − 当期软件产品可抵扣进项税额

当期软件产品销项税额 = 当期软件产品销售额 ×17%

（二）嵌入式软件产品增值税即征即退税额的计算：

1. 嵌入式软件产品增值税即征即退税额的计算方法

即征即退税额 = 当期嵌入式软件产品增值税应纳税额 − 当期嵌入式软件产品销售额 ×3%

当期嵌入式软件产品增值税应纳税额 = 当期嵌入式软件产品销项税额 − 当期嵌入式软件产品可抵扣进项税额

当期嵌入式软件产品销项税额 = 当期嵌入式软件产品销售额 ×17%

2. 当期嵌入式软件产品销售额的计算公式

当期嵌入式软件产品销售额 = 当期嵌入式软件产品与计算机硬件、机器设备销售额合计 − 当期计算机硬件、机器设备销售额

计算机硬件、机器设备销售额按照下列顺序确定：

①按纳税人最近同期同类货物的平均销售价格计算确定；

②按其他纳税人最近同期同类货物的平均销售价格计算确定；

③按计算机硬件、机器设备组成计税价格计算确定。

计算机硬件、机器设备组成计税价格 = 计算机硬件、机器设备成本 ×

(1＋10%)。

五、按照上述办法计算，即征即退税额大于零时，税务机关应按规定，及时办理退税手续。

六、增值税一般纳税人在销售软件产品的同时销售其他货物或者应税劳务的，对于无法划分的进项税额，应按照实际成本或销售收入比例确定软件产品应分摊的进项税额；对专用于软件产品开发生产设备及工具的进项税额，不得进行分摊。纳税人应将选定的分摊方式报主管税务机关备案，并自备案之日起一年内不得变更。

专用于软件产品开发生产的设备及工具，包括但不限于用于软件设计的计算机设备、读写打印器具设备、工具软件、软件平台和测试设备。

七、对增值税一般纳税人随同计算机硬件、机器设备一并销售嵌入式软件产品，如果适用本通知规定按照组成计税价格计算确定计算机硬件、机器设备销售额的，应当分别核算嵌入式软件产品与计算机硬件、机器设备部分的成本。凡未分别核算或者核算不清的，不得享受本通知规定的增值税政策。

八、各省、自治区、直辖市、计划单列市税务机关可根据本通知规定，制定软件产品增值税即征即退的管理办法。主管税务机关可对享受本通知规定增值税政策的纳税人进行定期或不定期检查。纳税人凡弄虚作假骗取享受本通知规定增值税政策的，税务机关除根据现行规定进行处罚外，自发生上述违法违规行为年度起，取消其享受本通知规定增值税政策的资格，纳税人三年内不得再次申请。

九、本通知自2011年1月1日起执行。《财政部、国家税务总局关于贯彻落实〈中共中央、国务院关于加强技术创新，发展高科技，实现产业化的决定〉有关税收问题的通知》(财税字〔1999〕273号)第一条、《财政部、国家税务总局、海关总署关于鼓励软件产业和集成电路产业发展有关税收政策问题的通知》(财税〔2000〕25号)第一条第一款、《国家税务总局关于明确电子出版物属于软件征税范围的通知》(国税函〔2000〕168号)、《财政部、国家税务总局关于增值税若干政策的通知》(财税〔2005〕165号)第十一条第一款和第三款、《财政部、国家税务总局关于嵌入式软件增值税政策问题的通知》(财税〔2006〕174号)、《财政部、国家税务总局关于嵌入式软件增值税政策的通知》(财税〔2008〕92号)、《财政部、国家税务总局关于扶持动漫产业发展有关税收政策问题的通知》(财税〔2009〕65号)第一条同时废止。

1－2 《财政部　税务总局关于调整增值税税率的通知》第一条

2018 年 4 月 4 日　财税〔2018〕32 号

一、纳税人发生增值税应税销售行为或者进口货物，原适用 17% 和 11% 税率的，税率分别调整为 16%、10%。

1－3 《财政部　税务总局　海关总署关于深化增值税改革有关政策的公告》第一条

2019 年 3 月 20 日　财政部　税务总局
海关总署公告 2019 年第 39 号

一、增值税一般纳税人（以下称纳税人）发生增值税应税销售行为或者进口货物，原适用 16% 税率的，税率调整为 13%；原适用 10% 税率的，税率调整为 9%。

2. 国家鼓励的软件企业定期减免企业所得税

享受主体

国家鼓励的软件企业。

优惠内容

自 2020 年 1 月 1 日起，国家鼓励的软件企业，自获利年度起，第一年至第二年免征企业所得税，第三年至第五年按照 25% 的法定税率减半征收企业所得税。

享受条件

1）国家鼓励的软件企业是指同时符合下列条件的企业：

（1）在中国境内（不包括港、澳、台地区）依法设立，以软件产品开发及相关信息技术服务为主营业务并具有独立法人资格的企业，该企业的设立具有合理商业目的，且不以减少、免除或推迟缴纳税款为主要目的；

（2）汇算清缴年度具有劳动合同关系或劳务派遣、聘用关系，其中具有本科及以上学历的月平均职工人数占企业月平均职工总人数的比例不低于40%，研究开发人员月平均数占企业月平均职工总数的比例不低于25%；

（3）拥有核心关键技术，并以此为基础开展经营活动，汇算清缴年度研究开发费用总额占企业销售（营业）收入总额的比例不低于7%，企业在中国境内发生的研究开发费用金额占研究开发费用总额的比例不低于60%；

（4）汇算清缴年度软件产品开发销售及相关信息技术服务（营业）收入占企业收入总额的比例不低于55%［嵌入式软件产品开发销售（营业）收入占企业收入总额的比例不低于45%］，其中软件产品自主开发销售及相关信息技术服务（营业）收入占企业收入总额的比例不低于45%［嵌入式软件产品开发销售（营业）收入占企业收入总额的比例不低于40%］；

（5）主营业务或主要产品具有专利或计算机软件著作权等属于本企业的知识产权；

（6）具有与软件开发相适应的生产经营场所、软硬件设施等开发环境（如合法的开发工具等），建立符合软件工程要求的质量管理体系并持续有效运行；

（7）汇算清缴年度未发生重大安全事故、重大质量事故、知识产权侵权等行为，企业合法经营。

2）符合原有政策条件且在2019年（含）之前已经进入优惠期的企业，2020年（含）起可按原有政策规定继续享受至期满为止，如也符合本项优惠规定，可按规定享受相关优惠，其中定期减免税优惠，可按《财政部　税务总局　发展改革委　工业和信息化部关于促进集成电路产业和软件产业高质量发展企业所得税政策的公告》（财政部　税务总局　发展改革委　工业和信息化部公告2020年第45号，以下简称45号公告）规定计算优惠期，并就剩余期限享受优惠至期满为止。符合原有政策条件，2019年（含）之前尚未进入优惠期的企业，2020 年（含）起不再执行原有政策。

3）原有政策是指：依法成立且符合条件的软件企业，在 2019 年 12 月 31 日前自获利年度起计算优惠期，第一年至第二年免征企业所得税，第三年至第五年按照 25% 的法定税率减半征收企业所得税，并享受至期满为止。其中，“符合条件”是指符合《财政部　国家税务总局关于进一步鼓励软件产业和集成电路产业发展企业所得税政策的通知》(财税〔2012〕27 号）和《财政部　国家税务总局　发展改革委　工业和信息化部关于软件和集成电路产业企业所得税优惠政策有关问题的通知》（财税〔2016〕49 号）规定的条件。

4）软件企业按照 45 号公告规定同时符合多项定期减免税优惠政策条件的，由企业选择其中一项政策享受相关优惠。其中，已经进入优惠期的，可由企业在剩余期限内选择其中一项政策享受相关优惠。

政策依据

1）《财政部　国家税务总局关于进一步鼓励软件产业和集成电路产业发展企业所得税政策的通知》（财税〔2012〕27 号）第三条

2）《财政部　国家税务总局　发展改革委　工业和信息化部关于软件和集成电路产业企业所得税优惠政策有关问题的通知》(财税〔2016〕49 号)

3）《财政部　税务总局关于集成电路设计和软件产业企业所得税政策的公告》(财政部　税务总局公告 2019 年第 68 号)

4）《财政部　税务总局关于集成电路设计企业和软件企业 2019 年度企业所得税汇算清缴适用政策的公告》(财政部　税务总局公告 2020 年第 29 号)

5）《财政部　税务总局　发展改革委　工业和信息化部关于促进集成电路产业和软件产业高质量发展企业所得税政策的公告》(财政部　税务总局　发展改革委　工业和信息化部公告 2020 年第 45 号）第三条、第五条、第六条、第九条

6）《工业和信息化部　国家发展改革委　财政部　国家税务总局公告 2021 年第 10 号》

延伸阅读

2－1 《财政部　国家税务总局关于进一步鼓励软件产业和集成电路产业发展企业所得税政策的通知》第三条

2012年4月20日　财税〔2012〕27号

三、我国境内新办的集成电路设计企业和符合条件的软件企业，经认定后，在2017年12月31日前自获利年度起计算优惠期，第一年至第二年免征企业所得税，第三年至第五年按照25%的法定税率减半征收企业所得税，并享受至期满为止。

2－2 《财政部　国家税务总局　发展改革委　工业和信息化部关于软件和集成电路产业企业所得税优惠政策有关问题的通知》

2016年5月4日　财税〔2016〕49号

各省、自治区、直辖市、计划单列市财政厅（局）、国家税务局、地方税务局、发展改革委、工业和信息化主管部门：

按照《国务院关于取消和调整一批行政审批项目等事项的决定》（国发〔2015〕11号）和《国务院关于取消非行政许可审批事项的决定》（国发〔2015〕27号）规定，集成电路生产企业、集成电路设计企业、软件企业、国家规划布局内的重点软件企业和集成电路设计企业（以下统称软件、集成电路企业）的税收优惠资格认定等非行政许可审批已经取消。为做好《财政部　国家税务总局关于进一步鼓励软件产业和集成电路产业发展企业所得税政策的通知》（财税〔2012〕27号）规定的企业所得税优惠政策落实工作，现将有关问题通知如下：

一、享受财税〔2012〕27号文件规定的税收优惠政策的软件、集成电路企业，每年汇算清缴时应按照《国家税务总局关于发布〈企业所得税优惠政策事项办理办法〉的公告》（国家税务总局公告2015年第76号）规定向税务机关备案，同时提交《享受企业所得税优惠政策的软件和集成电路企业备案资料明细表》（见附件）规定的备案资料。

为切实加强优惠资格认定取消后的管理工作，在软件、集成电路企业享受优惠政策后，税务部门转请发展改革、工业和信息化部门进行核查。对经核查不符合软件、集成电路企业条件的，由税务部门追缴其已经享受的企业所得税优惠，并按照税收征管法的规定进行处理。

二、财税〔2012〕27号文件所称集成电路生产企业，是指以单片集成电路、多芯片集成电路、混合集成电路制造为主营业务并同时符合下列条件的企业：

（一）在中国境内（不包括港、澳、台地区）依法注册并在发展改革、工业和信息化部门备案的居民企业；

（二）汇算清缴年度具有劳动合同关系且具有大学专科以上学历职工人数占企业月平均职工总人数的比例不低于40%，其中研究开发人员占企业月平均职工总数的比例不低于20%；

（三）拥有核心关键技术，并以此为基础开展经营活动，且汇算清缴年度研究开发费用总额占企业销售（营业）收入（主营业务收入与其他业务收入之和，下同）总额的比例不低于5%；其中，企业在中国境内发生的研究开发费用金额占研究开发费用总额的比例不低于60%；

（四）汇算清缴年度集成电路制造销售（营业）收入占企业收入总额的比例不低于60%；

（五）具有保证产品生产的手段和能力，并获得有关资质认证（包括ISO质量体系认证）；

（六）汇算清缴年度未发生重大安全、重大质量事故或严重环境违法行为。

三、财税〔2012〕27号文件所称集成电路设计企业是指以集成电路设计为主营业务并同时符合下列条件的企业：

（一）在中国境内（不包括港、澳、台地区）依法注册的居民企业；

（二）汇算清缴年度具有劳动合同关系且具有大学专科以上学历的职工人数占企业月平均职工总人数的比例不低40%，其中研究开发人员占企业月平均职工总数的比例不低于20%；

（三）拥有核心关键技术，并以此为基础开展经营活动，且汇算清缴年度研究开发费用总额占企业销售（营业）收入总额的比例不低于6%；其中，企业在中国境内发生的研究开发费用金额占研究开发费用总额的比例不低于60%。

（四）汇算清缴年度集成电路设计销售（营业）收入占企业收入总额的比例不低于60%，其中集成电路自主设计销售（营业）收入占企业收入总额的比例不低于50%；

（五）主营业务拥有自主知识产权；

（六）具有与集成电路设计相适应的软硬件设施等开发环境（如EDA工具、服务器或工作站等）；

（七）汇算清缴年度未发生重大安全、重大质量事故或严重环境违法行为。

四、财税〔2012〕27号文件所称软件企业是指以软件产品开发销售（营业）为主营业务并同时符合下列条件的企业：

（一）在中国境内（不包括港、澳、台地区）依法注册的居民企业；

（二）汇算清缴年度具有劳动合同关系且具有大学专科以上学历的职工人数占企业月平均职工总人数的比例不低于40%，其中研究开发人员占企业月平均职工总数的比例不低于20%；

（三）拥有核心关键技术，并以此为基础开展经营活动，且汇算清缴年度研究开发费用总额占企业销售（营业）收入总额的比例不低于6%；其中，企业在中国境内发生的研究开发费用金额占研究开发费用总额的比例不低于60%；

（四）汇算清缴年度软件产品开发销售（营业）收入占企业收入总额的比例不低于50%（嵌入式软件产品和信息系统集成产品开发销售（营业）收入占企业收入总额的比例不低于40%），其中：软件产品自主开发销售（营业）收入占企业收入总额的比例不低于40%（嵌入式软件产品和信息系统集成产品开发销售（营业）收入占企业收入总额的比例不低于30%）；

（五）主营业务拥有自主知识产权；

（六）具有与软件开发相适应软硬件设施等开发环境（如合法的开发工具等）；

（七）汇算清缴年度未发生重大安全、重大质量事故或严重环境违法行为。

五、财税〔2012〕27号文件所称国家规划布局内重点集成电路设计企业除符合本通知第三条规定，还应至少符合下列条件中的一项：

（一）汇算清缴年度集成电路设计销售（营业）收入不低于2亿元，年应纳税所得额不低于1000万元，研究开发人员占月平均职工总数的比例不低于25%；

（二）在国家规定的重点集成电路设计领域内，汇算清缴年度集成电路设计销售（营业）收入不低于2000万元，应纳税所得额不低于250万元，研究开发人员占月平均职工总数的比例不低于35%，企业在中国境内发生的研发开发费用金额占研究开发费用总额的比例不低于70%。

六、财税〔2012〕27号文件所称国家规划布局内重点软件企业是除符合本通知第四条规定，还应至少符合下列条件中的一项：

（一）汇算清缴年度软件产品开发销售（营业）收入不低于2亿元，应纳税所得额不低于1000万元，研究开发人员占企业月平均职工总数的比例不低于25%；

（二）在国家规定的重点软件领域内，汇算清缴年度软件产品开发销售（营业）收入不低于5000万元，应纳税所得额不低于250万元，研究开发人员占企业月平均职工总数的比例不低于25%，企业在中国境内发生的研究开发费用金额占研究开发费用总额的比例不低于70%；

（三）汇算清缴年度软件出口收入总额不低于800万美元，软件出口收入总额占本企业年度收入总额比例不低于50%，研究开发人员占企业月平均职工总数的比例不低于25%。

七、国家规定的重点软件领域及重点集成电路设计领域，由国家发展改革委、工业和信息化部会同财政部、税务总局根据国家产业规划和布局确定，并实行动态调整。

八、软件、集成电路企业规定条件中所称研究开发费用政策口径，2015年度仍按《国家税务总局关于印发〈企业研究开发费用税前扣除管理办法（试行）〉的通知》（国税发〔2008〕116号）和《财政部 国家税务总局关于研究开发费用税前加计扣除有关政策的通知》（财税〔2013〕70号）的规定执行，2016年及以后年度按照《财政部 国家税务总局 科技部关于完善研究开发费用税前加计扣除政策的通知》（财税〔2015〕119号）的规定执行。

九、软件、集成电路企业应从企业的获利年度起计算定期减免税优惠期。如获利年度不符合优惠条件的，应自首次符合软件、集成电路企业条件的年度起，在其优惠期的剩余年限内享受相应的减免税优惠。

十、省级（自治区、直辖市、计划单列市，下同）财政、税务、发展改革和工业和信息化部门应密切配合，通过建立核查机制并有效运用核查结果，切实加强对软件、集成电路企业的后续管理工作。

（一）省级税务部门应在每年3月20日前和6月20日前分两批将汇算清缴年度已申报享受软件、集成电路企业税收优惠政策的企业名单及其备案资料提交省级发展改革、工业和信息化部门。其中，享受软件企业、集成电路设计企业税收优惠政策的名单及备案资料提交给省级工业和信息化部门，省级工业和信息化部门组织专家或者委托第三方机构对名单内企业是否符合条件进行核查；享受其他优惠政策的名单及备案资料提交给省级发展改革部门，省级发展改革部门会同工业和信息化部门共同组织专家或者委托第三方机构对名单内企业是否符合条件进行核查。

2015年度享受优惠政策的企业名单和备案资料，省级税务部门可在2016年6月20日前一次性提交给省级发展改革、工业和信息化部门。

（二）省级发展改革、工业和信息化部门应在收到享受优惠政策的企业名单和备案资料两个月内将复核结果反馈省级税务部门（第一批名单复核结果应在汇算清缴期结束前反馈）。

（三）每年10月底前，省级财政、税务、发展改革、工业和信息化部门应将核查结果及税收优惠落实情况联合汇总上报财政部、税务总局、国家发展改革委、工业和信息化部。

如遇特殊情况汇算清缴延期的，上述期限可相应顺延。

（四）省级财政、税务、发展改革、工业和信息化部门可以根据本通知规定，结合当地实际，制定具体操作管理办法，并报财政部、税务总局、发展改革委、工业和信息化部备案。

十一、国家税务总局公告2015年第76号所附《企业所得税优惠事项备案管理目录（2015年版）》第38、41、42、43、46项软件、集成电路企业优惠政策不再作为“定期减免税优惠备案管理事项”管理，本通知执行前已经履行备案等相关手续的，在享受税收优惠的年度仍应按照本通知的规定办理备案手续。

十二、本通知自2015年1月1日起执行。《财政部　国家税务总局关于进一步鼓励软件产业和集成电路产业发展企业所得税政策的通知》（财税〔2012〕27号）第九条、第十条、第十一条、第十三条、第十七条、第十八条、第十九条和第二十条停止执行。国家税务总局公告2015年第76号所附

《企业所得税优惠事项备案管理目录（2015年版）》第38项至43项及第46至48项软件、集成电路企业优惠政策的“备案资料”“主要留存备查资料”规定停止执行。

附件：享受企业所得税优惠政策的软件和集成电路企业备案资料明细表

附件

享受企业所得税优惠政策的软件和集成电路企业备案资料明细表

企业类型	备案资料（复印件须加盖企业公章）
集成电路生产企业	1. 在发展改革或工业和信息化部门立项的备案文件（应注明总投资额、工艺线宽标准）复印件以及企业取得的其他相关资质证书复印件等； 2. 企业职工人数、学历结构、研究开发人员情况及其占企业职工总数的比例说明，以及汇算清缴年度最后一个月社会保险缴纳证明等相关证明材料； 3. 加工集成电路产品主要列表及国家知识产权局（或国外知识产权相关主管机构）出具的企业自主开发或拥有的一至两份代表性知识产权（如专利、布图设计登记、软件著作权等）的证明材料； 4. 经具有资质的中介机构鉴证的企业财务会计报告（包括会计报表、会计报表附注和财务情况说明书）以及集成电路制造销售（营业）收入、研究开发费用、境内研究开发费用等情况说明； 5. 与主要客户签订的一至两份代表性销售合同复印件； 6. 保证产品质量的相关证明材料（如质量管理认证证书复印件等）； 7. 税务机关要求出具的其他材料。
集成电路设计企业	1. 企业职工人数、学历结构、研究开发人员情况及其占企业职工总数的比例说明，以及汇算清缴年度最后一个月社会保险缴纳证明等相关证明材料； 2. 企业开发销售的主要集成电路产品列表，以及国家知识产权局（或国外知识产权相关主管机构）出具的企业自主开发或拥有的一至两份代表性知识产权（如专利、布图设计登记、软件著作权等）的证明材料； 3. 经具有资质的中介机构鉴证的企业财务会计报告（包括会计报表、会计报表附注和财务情况说明书）以及集成电路设计销售（营业）收入、集成电路自主设计销售（营业）收入、研究开发费用、境内研究开发费用等情况表； 4. 第三方检测机构提供的集成电路产品测试报告或用户报告，以及与主要客户签订的一至两份代表性销售合同复印件； 5. 企业开发环境等相关证明材料； 6. 税务机关要求出具的其他材料。
软件企业	1. 企业开发销售的主要软件产品列表或技术服务列表； 2. 主营业务为软件产品开发的企业，提供至少1个主要产品的软件著作权或专利权等自主知识产权的有效证明文件，以及第三方检测机构提供的软件产品测试报告；主营业务仅为技术服务的企业提供核心技术说明； 3. 企业职工人数、学历结构、研究开发人员及其占企业职工总数的比例说明，以及汇算清缴年度最后一个月社会保险缴纳证明等相关证明材料； 4. 经具有资质的中介机构鉴证的企业财务会计报告（包括会计报表、会计报表附注和财务情况说明书）以及软件产品开发销售（营业）收入、软件产品自主开发销售（营业）收入、研究开发费用、境内研究开发费用等情况说明； 5. 与主要客户签订的一至两份代表性的软件产品销售合同或技术服务合同复印件； 6. 企业开发环境相关证明材料； 7. 税务机关要求出具的其他材料。

续表

企业类型	备案资料（复印件须加盖企业公章）
国家规划布局内重点软件企业	1. 企业享受软件企业所得税优惠政策需要报送的备案资料； 2. 符合第二类条件的，应提供在国家规定的重点软件领域内销售（营业）情况说明； 3. 符合第三类条件的，应提供商务主管部门核发的软件出口合同登记证书，以及有效出口合同和结汇证明等材料； 4. 税务机关要求提供的其他材料。
国家规划布局内重点集成电路设计企业	1. 企业享受集成电路设计企业所得税优惠政策需要报送的备案资料； 2. 符合第二类条件的，应提供在国家规定的重点集成电路设计领域内销售（营业）情况说明； 3. 税务机关要求提供的其他材料。

2-3 《财政部　税务总局关于集成电路设计和软件产业企业所得税政策的公告》

2019年5月17日　财政部　税务总局公告2019年第68号

为支持集成电路设计和软件产业发展，现就有关企业所得税政策公告如下：

一、依法成立且符合条件的集成电路设计企业和软件企业，在2018年12月31日前自获利年度起计算优惠期，第一年至第二年免征企业所得税，第三年至第五年按照25%的法定税率减半征收企业所得税，并享受至期满为止。

二、本公告第一条所称“符合条件”，是指符合《财政部　国家税务总局关于进一步鼓励软件产业和集成电路产业发展企业所得税政策的通知》（财税〔2012〕27号）和《财政部　国家税务总局　发展改革委　工业和信息化部关于软件和集成电路产业企业所得税优惠政策有关问题的通知》（财税〔2016〕49号）规定的条件。

特此公告。

2－4 《财政部　税务总局关于集成电路设计企业和软件企业2019年度企业所得税汇算清缴适用政策的公告》

2020年5月29日　财政部　税务总局公告2020年第29号

现就集成电路设计和软件产业2019年度企业所得税汇算清缴适用政策公告如下：

一、依法成立且符合条件的集成电路设计企业和软件企业，在2019年12月31日前自获利年度起计算优惠期，第一年至第二年免征企业所得税，第三年至第五年按照25%的法定税率减半征收企业所得税，并享受至期满为止。

二、本公告第一条所称“符合条件”是指符合《财政部　国家税务总局关于进一步鼓励软件产业和集成电路产业发展企业所得税政策的通知》（财税〔2012〕27号）和《财政部　国家税务总局　发展改革委　工业和信息化部关于软件和集成电路产业企业所得税优惠政策有关问题的通知》（财税〔2016〕49号）规定的条件。

特此公告。

2－5 《财政部　税务总局　发展改革委　工业和信息化部关于促进集成电路产业和软件产业高质量发展企业所得税政策的公告》第三条、第五条、第六条、第九条

2020年12月11日　财政部　税务总局　发展改革委

工业和信息化部公告2020年第45号

三、国家鼓励的集成电路设计、装备、材料、封装、测试企业和软件企业，自获利年度起，第一年至第二年免征企业所得税，第三年至第五年按照25%的法定税率减半征收企业所得税。

国家鼓励的集成电路设计、装备、材料、封装、测试企业和软件企业条件，由工业和信息化部会同国家发展改革委、财政部、税务总局等相关部门制定。

……

五、符合原有政策条件且在2019年（含）之前已经进入优惠期的企业或项目，2020年（含）起可按原有政策规定继续享受至期满为止，如也符合本公告第一条至第四条规定，可按本公告规定享受相关优惠，其中定期减免税优惠，可按本公告规定计算优惠期，并就剩余期限享受优惠至期满为止。符合原有政策条件，2019年（含）之前尚未进入优惠期的企业或项目，2020年（含）起不再执行原有政策。

六、集成电路企业或项目、软件企业按照本公告规定同时符合多项定期减免税优惠政策条件的，由企业选择其中一项政策享受相关优惠。其中，已经进入优惠期的，可由企业在剩余期限内选择其中一项政策享受相关优惠。

……

九、本公告所称原有政策，包括：《财政部　国家税务总局关于进一步鼓励软件产业和集成电路产业发展企业所得税政策的通知》（财税〔2012〕27号）、《财政部　国家税务总局　发展改革委　工业和信息化部关于进一步鼓励集成电路产业发展企业所得税政策的通知》（财税〔2015〕6号）、《财政部　国家税务总局　发展改革委　工业和信息化部关于软件和集成电路产业企业所得税优惠政策有关问题的通知》（财税〔2016〕49号）、《财政部　税务总局　国家发展改革委　工业和信息化部关于集成电路生产企业有关企业所得税政策问题的通知》（财税〔2018〕27号）、《财政部　税务总局关于集成电路设计和软件产业企业所得税政策的公告》（财政部　税务总局公告2019年第68号）、《财政部　税务总局关于集成电路设计企业和软件企业2019年度企业所得税汇算清缴适用政策的公告》（财政部　税务总局公告2020年第29号）。

2-6 《工业和信息化部　国家发展改革委　财政部　国家税务总局公告2021年第10号》

2021年4月23日

为贯彻落实《国务院关于印发新时期促进集成电路产业和软件产业高质量发展若干政策的通知》（国发〔2020〕8号）精神，根据《关于促进集成电路产业和软件产业高质量发展企业所得税的公告》（财政部　税务总局　国家

发展改革委　工业和信息化部公告2020年第45号)，工业和信息化部、国家发展改革委、财政部、税务总局制定了国家鼓励的软件企业条件，现公告如下：

一、国家鼓励的软件企业是指同时符合下列条件的企业：

（一）在中国境内（不包括港、澳、台地区）依法设立，以软件产品开发及相关信息技术服务为主营业务并具有独立法人资格的企业；该企业的设立具有合理商业目的，且不以减少、免除或推迟缴纳税款为主要目的；

（二）汇算清缴年度具有劳动合同关系或劳务派遣、聘用关系，其中具有本科及以上学历的月平均职工人数占企业月平均职工总人数的比例不低于40%，研究开发人员月平均数占企业月平均职工总数的比例不低于25%；

（三）拥有核心关键技术，并以此为基础开展经营活动，汇算清缴年度研究开发费用总额占企业销售（营业）收入总额的比例不低于7%，企业在中国境内发生的研究开发费用金额占研究开发费用总额的比例不低于60%；

（四）汇算清缴年度软件产品开发销售及相关信息技术服务（营业）收入占企业收入总额的比例不低于55%［嵌入式软件产品开发销售（营业）收入占企业收入总额的比例不低于45%］，其中软件产品自主开发销售及相关信息技术服务（营业）收入占企业收入总额的比例不低于45%［嵌入式软件产品开发销售（营业）收入占企业收入总额的比例不低于40%］；

（五）主营业务或主要产品具有专利或计算机软件著作权等属于本企业的知识产权；

（六）具有与软件开发相适应的生产经营场所、软硬件设施等开发环境（如合法的开发工具等），建立符合软件工程要求的质量管理体系并持续有效运行；

（七）汇算清缴年度未发生重大安全事故、重大质量事故、知识产权侵权等行为，企业合法经营。

二、本公告第一条中所称研究开发费用政策口径，按照《财政部　国家税务总局　科技部关于完善研究开发费用税前加计扣除政策的通知》（财税〔2015〕119号）和《国家税务总局关于研发费用税前加计扣除归集范围有关问题的公告》（国家税务总局公告2017年第40号）等规定执行。

三、本公告自2020年1月1日起执行，由工业和信息化部会同国家发展改革委、财政部、税务总局负责解释。

3. 国家鼓励的重点软件企业减免企业所得税

享受主体

国家鼓励的重点软件企业。

优惠内容

自2020年1月1日起，国家鼓励的重点软件企业，自获利年度起，第一年至第五年免征企业所得税，接续年度减按10%的税率征收企业所得税。

享受条件

1）国家鼓励的重点软件企业清单由国家发展改革委、工业和信息化部会同财政部、税务总局等相关部门制定。

2）国家鼓励的重点软件企业，除符合国家鼓励的软件企业条件外，还应至少符合下列条件中的一项：

（1）专业开发基础软件、研发设计类工业软件的企业，汇算清缴年度软件产品开发销售及相关信息技术服务（营业）收入（其中相关信息技术服务是指实现软件产品功能直接相关的咨询设计、软件运维、数据服务，下同）不低于5000万元；汇算清缴年度研究开发费用总额占企业销售（营业）收入总额的比例不低于7%。

（2）专业开发生产控制类工业软件、新兴技术软件、信息安全软件的企业，汇算清缴年度软件产品开发销售及相关信息技术服务（营业）收入不低于1亿元；应纳税所得额不低于500万元；研究开发人员月平均数占企业月平均职工总数的比例不低于30%；汇算清缴年度研究开发费用总额占企业销售（营业）收入总额的比例不低于8%。

（3）专业开发重点领域应用软件、经营管理类工业软件、公有云服务软件、嵌入式软件的企业，汇算清缴年度软件产品开发销售及相关信息技术服务（营业）收入不低于5亿元，应纳税所得额不低于2500万元；研究开发人员月平均数占企业月平均职工总数的比例不低于30%；汇算清缴年度研究开发费用总额占企业销售（营业）收入总额的比例不低于7%。

3）符合原有政策条件且在2019年（含）之前已经进入优惠期的企业，2020年（含）起可按原有政策规定继续享受至期满为止，如也符合本项优惠规定，可按规定享受相关优惠，其中定期减免税优惠，可按45号公告规定计算优惠期，并就剩余期限享受优惠至期满为止。符合原有政策条件，2019年（含）之前尚未进入优惠期的企业，2020年（含）起不再执行原有政策。

4）软件企业按照45号公告规定同时符合多项定期减免税优惠政策条件的，由企业选择其中一项政策享受相关优惠。其中，已经进入优惠期的，可由企业在剩余期限内选择其中一项政策享受相关优惠。

政策依据

1）《财政部　税务总局　发展改革委　工业和信息化部关于促进集成电路产业和软件产业高质量发展企业所得税政策的公告》（财政部　税务总局　发展改革委　工业和信息化部公告2020年第45号）第四条至第六条、第九条

2）《国家发展改革委　工业和信息化部　财政部　海关总署　税务总局关于做好享受税收优惠政策的集成电路企业或项目、软件企业清单制定工作有关要求的通知》（发改高技〔2021〕413号）

延伸阅读

3－1 《财政部　税务总局　发展改革委　工业和信息化部关于促进集成电路产业和软件产业高质量发展企业所得税政策的公告》第四条至第六条、第九条

2020年12月11日　财政部　税务总局　发展改革委

工业和信息化部公告2020年第45号

四、国家鼓励的重点集成电路设计企业和软件企业，自获利年度起，第一年至第五年免征企业所得税，接续年度减按10%的税率征收企业所得税。

国家鼓励的重点集成电路设计和软件企业清单由国家发展改革委、工业和

信息化部会同财政部、税务总局等相关部门制定。

五、符合原有政策条件且在2019年（含）之前已经进入优惠期的企业或项目，2020年（含）起可按原有政策规定继续享受至期满为止，如也符合本公告第一条至第四条规定，可按本公告规定享受相关优惠，其中定期减免税优惠，可按本公告规定计算优惠期，并就剩余期限享受优惠至期满为止。符合原有政策条件，2019年（含）之前尚未进入优惠期的企业或项目，2020年（含）起不再执行原有政策。

六、集成电路企业或项目、软件企业按照本公告规定同时符合多项定期减免税优惠政策条件的，由企业选择其中一项政策享受相关优惠。其中，已经进入优惠期的，可由企业在剩余期限内选择其中一项政策享受相关优惠。

……

九、本公告所称原有政策，包括：《财政部　国家税务总局关于进一步鼓励软件产业和集成电路产业发展企业所得税政策的通知》（财税〔2012〕27号）、《财政部　国家税务总局　发展改革委　工业和信息化部关于进一步鼓励集成电路产业发展企业所得税政策的通知》（财税〔2015〕6号）、《财政部　国家税务总局　发展改革委　工业和信息化部关于软件和集成电路产业企业所得税优惠政策有关问题的通知》（财税〔2016〕49号）、《财政部　税务总局　国家发展改革委　工业和信息化部关于集成电路生产企业有关企业所得税政策问题的通知》（财税〔2018〕27号）、《财政部　税务总局关于集成电路设计和软件产业企业所得税政策的公告》（财政部　税务总局公告2019年第68号）、《财政部　税务总局关于集成电路设计企业和软件企业2019年度企业所得税汇算清缴适用政策的公告》（财政部　税务总局公告2020年第29号）。

3-2《国家发展改革委　工业和信息化部　财政部　海关总署　税务总局关于做好享受税收优惠政策的集成电路企业或项目、软件企业清单制定工作有关要求的通知》

2021年3月29日　发改高技〔2021〕413号

各省、自治区、直辖市及计划单列市、新疆生产建设兵团发展改革委、工业和信息化主管部门、财政厅（局），海关总署广东分署、各直属海关，国家税务总局各省、自治区、直辖市、计划单列市税务局：

根据《国务院关于印发新时期促进集成电路产业和软件产业高质量发展若干政策的通知》（国发〔2020〕8号，以下简称《若干政策》）及其配套政策有关规定，为做好享受税收优惠政策的集成电路企业或项目、软件企业清单（以下简称“清单”）制定工作，现将有关程序、享受税收优惠政策的企业条件和项目标准通知如下：

一、本通知所称清单是指《若干政策》第（一）条提及的国家鼓励的集成电路线宽小于28纳米（含）、线宽小于65纳米（含）、线宽小于130纳米（含）的集成电路生产企业或项目的清单；《若干政策》第（三）、（六）、（七）、（八）条和《财政部　海关总署　税务总局关于支持集成电路产业和软件产业发展进口税收政策的通知》（财关税〔2021〕4号）、《财政部　国家发展改革委　工业和信息化部　海关总署　税务总局关于支持集成电路产业和软件产业发展进口税收政策管理办法的通知》（财关税〔2021〕5号）提及的国家鼓励的重点集成电路设计企业和软件企业，集成电路线宽小于65纳米（含）的逻辑电路、存储器生产企业，线宽小于0.25微米（含）的特色工艺集成电路生产企业，集成电路线宽小于0.5微米（含）的化合物集成电路生产企业和先进封装测试企业，集成电路产业的关键原材料、零配件（靶材、光刻胶、掩模版、封装载板、抛光垫、抛光液、8英寸及以上硅单晶、8英寸及以上硅片）生产企业，集成电路重大项目和承建企业的清单。

二、申请列入清单的企业，原则上每年3月25日至4月16日在信息填报系统（https：//yyglxxbs. ndrc. gov. cn/xxbs-front/）中提交申请并将必要佐证材料（电子版、纸质版。如因特殊情况不能按时完成审计，可先提交未经审计的企业会计报告，并于4月16日后10个工作日内，在信息填报系统中补充提交经审计的企业会计报告）报各省、自治区、直辖市及计划单列市、新疆生产建设兵团发展改革委或工业和信息化主管部门（由地方发展改革委确定接受单位）。

三、各省、自治区、直辖市及计划单列市、新疆生产建设兵团发展改革委和工业和信息化主管部门（以下简称“地方发改和工信部门”）根据企业条件和项目标准（附后），对企业申报的信息进行初核推荐后，报送至国家发展改革委、工业和信息化部。《若干政策》第（一）、（三）、（六）、（七）条，以及财关税〔2021〕4号文提及的集成电路产业的关键原材料、零配件生产企业清单，由国家发展改革委、工业和信息化部、财政部、海关总署、税务总局进行联审确认，并联合印发。《若干政策》第（八）条提及的集成电路重大项目，由国家发展改革委、工业和信息化部形成清单后，函告财政部，财政部会同海关总署、税务总局最终确定。

四、清单印发前，企业可依据税务有关管理规定，先行按照企业条件和项目标准享受相关国内税收优惠政策。清单印发后，如企业未被列入清单，应按规定补缴已享受优惠的企业所得税款。申请享受《若干政策》第（一）、（三）、（六）、（七）条，以及财关税〔2021〕4号文提及的关税优惠政策的，可于汇算清缴结束前，从信息填报系统中查询是否列入清单。享受《若干政策》第（八）条优惠政策的，由企业所在地直属海关告知相关企业。

五、已享受《若干政策》第（一）、（三）、（六）、（七）条，以及财关税〔2021〕4号文提及的关税优惠政策的企业或项目发生更名、分立、合并、重组以及主营业务重大变化等情况，应及时向地方发改和工信部门报告，并提交相关材料，由国家发展改革委、工业和信息化部会同相关部门确定发生变更情形后是否继续符合企业条件或项目标准。

六、地方发改和工信部门会同财政、海关、税务对清单内的企业加强日常监管。在监管过程中，如发现企业存在以虚报信息获得减免税资格，应及时联合核查，并联合上报国家发展改革委、工业和信息化部进行复核。国家发展改革委、工业和信息化部会同相关部门复核后对确不符合企业条件和项目标准的企业或项目，函告财政部、海关总署、税务总局按相关规定处理。

七、企业对所提供材料和数据的真实性负责。申报企业应签署承诺书，承诺申报出现失信行为，接受有关部门按照法律、法规和国家有关规定处理，涉及违法行为的信息记入企业信用记录，纳入全国信用信息共享平台，并在“信用中国”网站公示。

八、本通知自印发之日起实施，并适用于企业享受2020年度企业所得税优惠政策和财关税〔2021〕4号规定的进口税收政策。国家发展改革委、工业和信息化部会同相关部门，根据产业发展、技术进步等情况，对符合优惠政策的企业条件或项目标准适时调整。

附件：1. 享受税收优惠政策的企业条件和项目标准

2. 重点集成电路设计领域和重点软件领域

3. 享受税收优惠政策的集成电路企业、项目和软件企业提交材料明细表

4. 企业重大变化情况表

附件 1

享受税收优惠政策的企业条件和项目标准

一、《若干政策》第（一）条提及的国家鼓励的集成电路线宽小于 28 纳米（含）、线宽小于 65 纳米（含）、线宽小于 130 纳米（含）的集成电路生产企业或项目享受税收优惠政策条件如下：

（一）在中国境内（不包括港、澳、台地区）依法注册并具有独立法人资格的企业；

（二）符合国家布局规划和产业政策；

（三）汇算清缴年度，具有劳动合同关系或劳务派遣、聘用关系，其中具有本科及以上学历月平均职工人数占企业月平均职工总人数的比例不低于 30%，研究开发人员月平均数占企业月平均职工总数的比例不低于 20%（从事 8 英寸及以下集成电路生产的不低于 15%）；

（四）企业拥有关键核心技术和属于本企业的知识产权，并以此为基础开展经营活动，且汇算清缴年度研究开发费用总额占企业销售（营业）收入（主营业务收入与其他业务收入之和）总额的比例不低于 2%（本条及下述研究开发费用政策口径，按照财税〔2015〕119 号和《国家税务总局关于研发费用税前加计扣除归集范围有关问题的公告》（2017 年第 40 号）的规定执行）；

（五）汇算清缴年度集成电路制造销售（营业）收入占企业收入总额的比例不低于 60%；

（六）具有保证相关工艺线宽产品生产的手段和能力；

（七）汇算清缴年度未发生重大安全、重大质量事故或严重环境违法行为；

（八）对于按照集成电路生产项目享受税收优惠政策的，项目主体企业应符合相应的集成电路生产企业条件，且能够对该项目单独进行会计核算、计算所得，并合理分摊期间费用。

二、《若干政策》第（三）、（七）条提及的国家鼓励的重点集成电路设计企业享受税收优惠政策条件，除符合《若干政策》第（二）条所称国家鼓励的集成电路设计企业条件外，还应符合以下条件：

（一）汇算清缴年度具有劳动合同关系或劳务派遣、聘用关系，其中具有本科及以上学历月平均职工人数占企业月平均职工总人数的比例不低于 50%，研究开发人员月平均数占企业月平均职工总数的比例不低于 40%；

（二）拥有关键核心技术，并以此为基础开展经营活动，且汇算清缴年度研究开发费用总额占企业销售（营业）收入（主营业务收入与其他业务收入之和）总额的比例不低于6%；

（三）汇算清缴年度集成电路设计（含EDA工具、IP和设计服务，下同）销售（营业）收入占企业收入总额的比例不低于70%，其中集成电路自主设计销售（营业）收入占企业收入总额的比例不低于60%；对于集成电路设计销售（营业）收入超过50亿元的企业，汇算清缴年度集成电路设计销售（营业）收入占企业收入总额的比例不低于60%，其中集成电路自主设计销售（营业）收入占企业收入总额的比例不低于50%；

（四）企业拥有核心关键技术和属于本企业的知识产权，企业拥有与集成电路产品设计相关的已授权发明专利、布图设计登记、计算机软件著作权合计不少于8个；

除以上条件外，还应至少符合下列条件中的一项：

（一）汇算清缴年度，集成电路设计销售（营业）收入不低于5亿元，应纳税所得额不低于3000万元；对于集成电路设计销售（营业）收入不低于50亿元的企业，可不要求应纳税所得额，但研究开发费用总额占企业销售（营业）收入（主营业务收入与其他业务收入之和）总额的比例不低于8%。

（二）在国家鼓励的重点集成电路设计领域内（附件2），汇算清缴年度集成电路设计销售（营业）收入不低于3000万元，应纳税所得额不低于350万元。

三、《若干政策》第（三）、（七）条提及的国家鼓励的重点软件企业，除符合国家鼓励的软件企业条件外，还应至少符合下列条件中的一项，具体领域说明见附件2。

（一）专业开发基础软件、研发设计类工业软件的企业，汇算清缴年度软件产品开发销售及相关信息技术服务（营业）收入（其中相关信息技术服务是指实现软件产品功能直接相关的咨询设计、软件运维、数据服务，下同）不低于5000万元；汇算清缴年度研究开发费用总额占企业销售（营业）收入总额的比例不低于7%。

（二）专业开发生产控制类工业软件、新兴技术软件、信息安全软件的企业，汇算清缴年度软件产品开发销售及相关信息技术服务（营业）收入不低于1亿元；应纳税所得额不低于500万元；研究开发人员月平均数占企业月平均职工总数的比例不低于30%；汇算清缴年度研究开发费用总额占企业销售

（营业）收入总额的比例不低于8%。

（三）专业开发重点领域应用软件、经营管理类工业软件、公有云服务软件、嵌入式软件的企业，汇算清缴年度软件产品开发销售及相关信息技术服务（营业）收入不低于5亿元，应纳税所得额不低于2500万元；研究开发人员月平均数占企业月平均职工总数的比例不低于30%；汇算清缴年度研究开发费用总额占企业销售（营业）收入总额的比例不低于7%。

四、《若干政策》第（六）条提及的集成电路线宽小于65纳米（含）的逻辑电路、存储器生产企业、线宽小于0.25微米（含）的特色工艺集成电路生产企业、集成电路线宽小于0.5微米（含）的化合物集成电路生产企业，以及财关税〔2021〕4号文提及的集成电路产业的关键原材料、零配件（靶材、光刻胶、掩模版、封装载板、抛光垫、抛光液、8英寸及以上硅单晶、8英寸及以上硅片）生产企业享受税收优惠政策条件如下：

（一）在中国境内（不包括港、澳、台地区）依法注册并具有独立法人资格的企业；

（二）符合国家布局规划和产业政策；

（三）具有保证产品生产的手段和能力；

（四）汇算清缴年度未发生重大安全、重大质量事故或严重环境违法行为。

五、《若干政策》第（六）条提及的先进封装测试企业享受财税优惠政策条件如下：

（一）在中国境内（不包括港、澳、台地区）依法注册并具有独立法人资格的企业；

（二）符合国家布局规划和产业政策；

（三）汇算清缴年度企业先进封装测试（晶圆级封装、系统级封装、2.5维和3维封装）规划产能占总规划产能比例，按封装产品颗粒数或晶圆数（折合8英寸）计算不低于40%；

（四）具有保证产品生产的手段和能力；

（五）汇算清缴年度未发生重大安全、重大质量事故或严重环境违法行为。

六、《若干政策》第（八）条提及的集成电路重大项目企业享受财税优惠政策条件如下：

享受《若干政策》第（八）条的集成电路重大项目承建企业应符合本通

知第四、五条的相对应规定。除以上条件外，还应符合下列对应条件中的一项：

（一）芯片制造类重大项目，需同时满足以下条件：

1. 符合国家布局规划和产业政策；

2. 对于不同工艺类型芯片制造项目，需分别满足以下条件：

（1）对于工艺线宽小于65纳米（含）的逻辑电路、存储器项目，固定资产总投资额需超过80亿元，规划月产能超过1万片（折合12英寸）。

（2）对于工艺线宽小于0.25微米（含）的模拟、数模混合、高压、射频、功率、光电集成、图像传感、微机电系统、绝缘体上硅工艺等特色芯片制造项目，固定资产总投资额超过10亿元，规划月产能超过1万片（折合8英寸）。

（3）对于工艺线宽小于0.5微米（含）的基于化合物集成电路制造项目，固定资产总投资额超过10亿元，规划月产能超过1万片（折合6英寸）。

（二）先进封装测试类重大项目，需同时满足以下条件：

1. 符合国家布局规划和产业政策；

2. 固定资产总投资额超过10亿元；

3. 封装规划年产能超过10亿颗芯片或50万片晶圆（折合8英寸）。

附件2

重点集成电路设计领域和重点软件领域

一、重点集成电路设计领域

如业务范围涉及多个领域，仅选择其中一个领域进行申请。选择领域的销售（营业）收入占本企业集成电路设计销售（营业）收入的比例不低于50%。

（一）高性能处理器和FPGA芯片；

（二）存储芯片；

（三）智能传感器；

（四）工业、通信、汽车和安全芯片；

（五）EDA、IP和设计服务。

二、重点软件领域

如业务范围涉及多个领域，仅选择其中一个领域进行申请。选择领域的软件产品开发及相关信息技术服务销售（营业）收入（其中相关信息技术服务是指实现选择领域软件产品功能直接相关的咨询设计、软件运维、数据服务）占本企业软件产品开发及相关信息技术服务销售（营业）收入的比例不低于50%。企业拥有所选择领域相应的发明专利不少于2项，相应领域计算机软件著作权登记证书不少于2项（均应具备对应的测试报告）。

（一）基础软件：操作系统、数据库管理系统、中间件、通用办公软件、固件（BIOS）、开发支撑软件、少数民族语言文字编辑处理软件。

（二）研发设计类工业软件：虚拟仿真系统、计算机辅助设计（CAD）、计算机辅助工程（CAE）、计算机辅助制造（CAM）、计算机辅助工艺规划（CAPP）、建筑信息模型（BIM）、产品数据管理（PDM）软件。

（三）生产控制类工业软件：工业控制系统、制造执行系统（MES）、制造运行管理（MOM）、调度优化系统（ORION）、先进控制系统（APC）、安全仪表系统（SIS）、可编程控制器（PLC）。

（四）新兴技术软件：分布式计算、数据分析挖掘、可视化、数据采集清洗等大数据软件，人机交互、通用算法软件、基础算法库、工具链、机器学习和深度学习框架等人工智能软件，信息系统运行维护软件，超级计算软件，区块链软件，工业互联网平台软件，云管理软件，虚拟化软件。

（五）信息安全软件：信息系统安全、网络安全、密码算法、数据安全、安全测试等方面的软件。

（六）重点行业应用软件：面向党政机关、国防、能源、交通、物流、通信、广电、医疗、建筑、制造业、应急、社保、农业、水利、教育、金融财税、知识产权、检验检测、科学研究、公共安全、节能环保、自然资源、城市管理、地理信息领域的专业应用软件。

（七）经营管理类工业软件：企业资源计划（ERP）、供应链管理（SCM）、客户关系管理（CRM）、人力资源管理（HEM）、企业资产管理（EAM）、产品生命周期管理（PLM）、运维综合保障管理（MRO）软件及相关云服务。

（八）公有云服务软件：大型公有云 IaaS、PaaS 服务软件。

（九）嵌入式软件（软件收入比例不低于50%）：通信设备、汽车电子、交通监控设备、电子测量仪器、装备自动控制、电子医疗器械、计算机应用产品、终端设备等嵌入式软件及嵌入式软件开发环境相关软件。

（以上部分软件名词涵盖范围可参考国家标准 GB/T 36475 软件产品分类）

附件3

享受税收优惠政策的集成电路企业、项目和软件企业提交材料明细表

企业或项目类型	材料清单（复印件须加盖企业公章）
享受《若干政策》第（一）条的集成电路生产企业或项目	1. 企业法人营业执照副本、企业取得的其他相关资质证书等；（可提供相应查询网址） 2. 项目备案文件（备案表）；（可提供相应查询网址） 3. 企业职工人数、学历结构、研究开发人员情况及其占职工总数的比例说明，企业研究开发人员名单，以及汇算清缴年度最后一个月的企业职工社会保险缴纳证明（包括劳务派遣人员代缴社保付款凭证）等相关证明材料； 4. 企业主要工艺、产品列表（名称/规格）； 5. 企业拥有与主营产品相关的发明专利等证明材料； 6. 经具有资质的中介机构鉴证的汇算清缴年度企业会计报告（包括会计报表、会计报表附注和财务情况说明书等），以及集成电路制造销售（营业）收入、自有集成电路产品制造销售（营业）收入、研究开发费用等情况表； 7. 与主要客户签订的一至两份代表性销售合同复印件； 8. 企业具有保证产品生产的手段和能力的证明材料（包括采购设备清单等）； 9. 省级发展改革委（工业和信息化主管部门）要求出具的其他材料。
享受《若干政策》第（三）、（七）条的重点集成电路设计企业	1. 企业法人营业执照副本、企业取得的其他相关资质证书等；（可提供相应查询网址） 2. 企业职工人数、学历结构、研究开发人员情况及其占职工总数的比例说明，企业研究开发人员名单，以及汇算清缴年度最后一个月的企业职工社会保险缴纳证明（包括劳务派遣人员代缴社保付款凭证）等相关证明材料； 3. 企业开发销售的主要产品和服务列表（名称/重点领域/对应销售（营业）收入规模）； 4. 企业拥有与主营产品相关的不少于8项的已授权发明专利、布图设计登记、计算机软件著作权登记证书的证明材料； 5. 经具有资质的中介机构鉴证的汇算清缴年度企业会计报告（包括会计报表、会计报表附注和财务情况说明书等），以及集成电路设计销售（营业）收入、集成电路自主设计销售（营业）收入、研究开发费用等情况表； 6. 第三方检测机构提供的集成电路产品测试报告或用户报告，以及与主要客户签订的一至两份代表性销售合同复印件； 7. 企业具有与集成电路设计相适应的软硬件设施等开发环境的证明材料； 8. 省级发展改革委（工业和信息化主管部门）要求出具的其他材料。

续表

企业或项目类型	材料清单（复印件须加盖企业公章）
享受《若干政策》第（三）、（七）条的重点软件企业	1. 企业法人营业执照副本、企业取得的其他相关资质证书等；（可提供相应查询网址） 2. 企业职工人数、学历结构、研究开发人员情况及其占职工总数的比例说明，企业研究开发人员名单，以及汇算清缴年度最后一个月的企业职工社会保险缴纳证明（包括劳务派遣人员代缴社保付款凭证）等相关证明材料； 3. 企业开发销售的主要软件产品列表（名称/重点领域/对应销售（营业）收入规模）； 4. 企业具有所申报领域相应的已授权发明专利不少于2项，相应领域计算机软件著作权登记证书不少于2项（均应具备对应的测试报告）的证明材料； 5. 经具有资质的中介机构鉴证的汇算清缴年度企业会计报告（包括会计报表、会计报表附注和财务情况说明书等），以及软件产品开发销售及相关信息技术服务（营业）收入、软件产品自主开发销售（营业）收入、研究开发费用、境内研究开发费用等情况表； 6. 汇算清缴年度与申报领域相关的合同列表及销售凭证； 7. 与主要客户签订的一至两份代表性销售合同复印件； 8. 企业具有与软件开发相适应软硬件设施等开发环境（如合法的开发工具等）的证明材料； 9. 省级发展改革委（工业和信息化主管部门）要求出具的其他材料。
享受《若干政策》第（六）条的集成电路生产企业和财关税〔2021〕4号文提及的关键原材料、零配件生产企业	1. 企业法人营业执照副本、企业取得的其他相关资质证书等；（可提供相应查询网址） 2. 项目备案文件（备案表）（可提供相应查询网址）； 3. 企业具有保证产品生产的手段和能力的证明材料（包括采购设备清单等），先进封装、测试企业需提供按封装产品颗粒数或晶圆数（折合8英寸）计算，先进封装测试（晶圆级封装、系统级封装、2.5维和3维封装）规划产能占总规划产能比例不低于40%的证明材料； 4. 省级发展改革委（工业和信息化主管部门）要求出具的其他材料。
享受《若干政策》第（八）条的集成电路重大项目	1. 项目企业对应类别集成电路企业条件材料清单； 2. 固定资产投资额相关证明材料； 3. 省级发展改革委（工业和信息化主管部门）要求出具的其他材料。

注：上述企业类型、材料清单依据国发〔2020〕8号文制定，材料模板请询省级发展改革委（工业和信息化主管部门），填报说明见信息填报系统。

附件 4

企业重大变化情况表

原企业信息

<table>
<tr><td colspan="2">企业名称（中文）</td><td colspan="6"></td></tr>
<tr><td colspan="2">统一社会信用代码</td><td colspan="6"></td></tr>
<tr><td colspan="2">类型</td><td colspan="6"></td></tr>
<tr><td colspan="2">注册资本</td><td colspan="6"></td></tr>
<tr><td colspan="2">成立日期</td><td colspan="6"></td></tr>
<tr><td colspan="2">营业期限</td><td colspan="6"></td></tr>
<tr><td colspan="2">经营范围</td><td colspan="6"></td></tr>
<tr><td colspan="2">联系地址</td><td colspan="4"></td><td>邮政编码</td><td></td></tr>
<tr><td>联系人</td><td></td><td>手机</td><td></td><td>座机</td><td></td><td>电子邮箱</td><td></td></tr>
<tr><td colspan="2">企业性质</td><td colspan="6">□国有 □外商独资 □中外合资 □股份制 □民营 □其他</td></tr>
<tr><td colspan="2">是否上市企业</td><td colspan="6">□是（上市地点、日期、代码） □否</td></tr>
<tr><td colspan="2">是否高新技术企业</td><td colspan="2">□是 □否（非必填）</td><td>高新技术企业认定日期</td><td>（非必填）</td><td>高新技术企业认定证书号</td><td>（非必填）</td></tr>
</table>

变更后企业信息

企业名称（中文）	
统一社会信用代码	
类型	
注册资本	
成立日期	
营业期限	
经营范围	
变更原因	（包括企业或项目发生更名、分立、合并、重组以及主营业务重大变化等情况）
承诺	（承诺不以变更企业名称方式重复享受相关政策优惠。）

注：附新旧企业法人营业执照（副本）扫描件，能够说明变更情况的具有法律效力的佐证材料及省级发展改革委（工业和信息化部门）要求的其他说明材料。

4. 软件企业取得即征即退增值税款用于软件产品研发和扩大再生产企业所得税政策

享受主体

符合条件的软件企业。

优惠内容

符合条件的软件企业按照《财政部 国家税务总局关于软件产品增值税政策的通知》（财税〔2011〕100 号）规定取得的即征即退增值税款，由企业专项用于软件产品研发和扩大再生产并单独进行核算，可以作为不征税收入，在计算应纳税所得额时从收入总额中减除。

享受条件

软件企业，是指同时符合下列条件的企业：

1）在中国境内（不包括港、澳、台地区）依法设立，以软件产品开发及相关信息技术服务为主营业务并具有独立法人资格的企业，该企业的设立具有合理商业目的，且不以减少、免除或推迟缴纳税款为主要目的；

2）汇算清缴年度具有劳动合同关系或劳务派遣、聘用关系，其中具有本科及以上学历的月平均职工人数占企业月平均职工总人数的比例不低于 40%，研究开发人员月平均数占企业月平均职工总数的比例不低于 25%；

3）拥有核心关键技术，并以此为基础开展经营活动，汇算清缴年度研究开发费用总额占企业销售（营业）收入总额的比例不低于 7%，企业在中国境内发生的研究开发费用金额占研究开发费用总额的比例不低于 60%；

4）汇算清缴年度软件产品开发销售及相关信息技术服务（营业）收入占企业收入总额的比例不低于 55%［嵌入式软件产品开发销售（营业）收入占企业收入总额的比例不低于 45%］，其中软件产品自主开发销售及相关信息技术服务（营业）收入占企业收入总额的比例不低于 45%［嵌入式软件产品开发销售（营业）收入占企业收入总额的比例不低于 40%]；

5）主营业务或主要产品具有专利或计算机软件著作权等属于本企业的知识产权；

6）具有与软件开发相适应的生产经营场所、软硬件设施等开发环境（如合法的开发工具等），建立符合软件工程要求的质量管理体系并持续有效运行；

7）汇算清缴年度未发生重大安全事故、重大质量事故、知识产权侵权等行为，企业合法经营。

政策依据

1）《财政部　国家税务总局关于软件产品增值税政策的通知》（财税〔2011〕100 号）（见 P2　1 –1）

2）《财政部　国家税务总局关于进一步鼓励软件产业和集成电路产业发展企业所得税政策的通知》（财税〔2012〕27 号）第五条

3）《工业和信息化部　国家发展改革委　财政部　国家税务总局公告 2021 年第 10 号》（见 P16　2 –6）

延伸阅读

4 –1 《财政部　国家税务总局关于进一步鼓励软件产业和集成电路产业发展企业所得税政策的通知》第五条

2012 年 4 月 20 日　财税〔2012〕27 号

五、符合条件的软件企业按照《财政部　国家税务总局关于软件产品增值税政策的通知》（财税〔2011〕100 号）规定取得的即征即退增值税款，由企业专项用于软件产品研发和扩大再生产并单独进行核算，可以作为不征税收入，在计算应纳税所得额时从收入总额中减除。

5. 符合条件的软件企业职工培训费用按实际发生额税前扣除

享受主体

符合条件的软件企业。

优惠内容

自2011年1月1日起，符合条件的软件企业的职工培训费用，应单独进行核算并按实际发生额在计算应纳税所得额时扣除。

享受条件

软件企业，是指同时符合下列条件的企业：

1）在中国境内（不包括港、澳、台地区）依法设立，以软件产品开发及相关信息技术服务为主营业务并具有独立法人资格的企业，该企业的设立具有合理商业目的，且不以减少、免除或推迟缴纳税款为主要目的；

2）汇算清缴年度具有劳动合同关系或劳务派遣、聘用关系，其中具有本科及以上学历的月平均职工人数占企业月平均职工总人数的比例不低于40%，研究开发人员月平均数占企业月平均职工总数的比例不低于25%；

3）拥有核心关键技术，并以此为基础开展经营活动，汇算清缴年度研究开发费用总额占企业销售（营业）收入总额的比例不低于7%，企业在中国境内发生的研究开发费用金额占研究开发费用总额的比例不低于60%；

4）汇算清缴年度软件产品开发销售及相关信息技术服务（营业）收入占企业收入总额的比例不低于55%［嵌入式软件产品开发销售（营业）收入占企业收入总额的比例不低于45%］，其中软件产品自主开发销售及相关信息技术服务（营业）收入占企业收入总额的比例不低于45%［嵌入式软件产品开发销售（营业）收入占企业收入总额的比例不低于40%］；

5）主营业务或主要产品具有专利或计算机软件著作权等属于本企业的知识产权；

6）具有与软件开发相适应的生产经营场所、软硬件设施等开发环境（如合法的开发工具等），建立符合软件工程要求的质量管理体系并持续有效运行；

7）汇算清缴年度未发生重大安全事故、重大质量事故、知识产权侵权等行为，企业合法经营。

政策依据

1）《财政部　国家税务总局关于进一步鼓励软件产业和集成电路产业发展企业所得税政策的通知》（财税〔2012〕27 号）第六条

2）《工业和信息化部　国家发展改革委　财政部　国家税务总局公告 2021 年第 10 号》（见 P16　2－6）

延伸阅读

5－1 《财政部　国家税务总局关于进一步鼓励软件产业和集成电路产业发展企业所得税政策的通知》第六条

2012 年 4 月 20 日　财税〔2012〕27 号

六、集成电路设计企业和符合条件软件企业的职工培训费用，应单独进行核算并按实际发生额在计算应纳税所得额时扣除。

6. 企业外购软件缩短折旧或摊销年限

享受主体

企业纳税人。

优惠内容

企业外购的软件，凡符合固定资产或无形资产确认条件的，可以按照固定资产或无形资产进行核算，其折旧或摊销年限可以适当缩短，最短可为 2 年（含）。

享受条件

符合固定资产或无形资产确认条件。

政策依据

《财政部　国家税务总局关于进一步鼓励软件产业和集成电路产业发展企业所得税政策的通知》（财税〔2012〕27 号）第七条

延伸阅读

6－1 《财政部　国家税务总局关于进一步鼓励软件产业和集成电路产业发展企业所得税政策的通知》第七条

2012 年 4 月 20 日　财税〔2012〕27 号

七、企业外购的软件，凡符合固定资产或无形资产确认条件的，可以按照固定资产或无形资产进行核算，其折旧或摊销年限可以适当缩短，最短可为 2 年（含）。

二、集成电路企业税费优惠

7. 集成电路重大项目企业增值税留抵税额退税

享受主体

国家批准的集成电路重大项目企业。

优惠内容

自 2011 年 11 月 1 日起，对国家批准的集成电路重大项目企业因购进设备形成的增值税期末留抵税额准予退还。

享受条件

1）属于国家批准的集成电路重大项目企业；

2）购进的设备应属于《中华人民共和国增值税暂行条例实施细则》第二十一条第二款规定的固定资产范围。

政策依据

1）《财政部　国家税务总局关于退还集成电路企业采购设备增值税期末留抵税额的通知》（财税〔2011〕107 号）

2）《中华人民共和国增值税暂行条例实施细则》第二十一条第二款

延伸阅读

7-1 《财政部 国家税务总局关于退还集成电路企业采购设备增值税期末留抵税额的通知》

2011年11月14日 财税〔2011〕107号

北京、天津、内蒙古、大连、上海、江苏、安徽、厦门、湖北、深圳、重庆、广东省（自治区、直辖市、计划单列市）财政厅（局）、国家税务局，财政部驻北京、天津、内蒙古、大连、上海、江苏、安徽、厦门、湖北、深圳、重庆、广东省（自治区、直辖市、计划单列市）财政监察专员办事处：

为落实《国务院关于印发进一步鼓励软件产业和集成电路产业发展若干政策的通知》（国发〔2011〕4号）有关要求，解决集成电路重大项目企业采购设备引起的增值税进项税额占用资金问题，决定对其因购进设备形成的增值税期末留抵税额予以退还。现将有关事项通知如下：

一、对国家批准的集成电路重大项目企业（具体名单见附件）因购进设备形成的增值税期末留抵税额（以下称购进设备留抵税额）准予退还。购进的设备应属于《中华人民共和国增值税暂行条例实施细则》第二十一条第二款规定的固定资产范围。

二、准予退还的购进设备留抵税额的计算

企业当期购进设备进项税额大于当期增值税纳税申报表“期末留抵税额”的，当期准予退还的购进设备留抵税额为期末留抵税额；企业当期购进设备进项税额小于当期增值税纳税申报表“期末留抵税额”的，当期准于退还的购进设备留抵税额为当期购进设备进项税额。

当期购进设备进项税额，是指企业取得的按照现行规定允许在当期抵扣的增值税专用发票或海关进口增值税专用缴款书（限于2009年1月1日及以后开具的）上注明的增值税额。

三、退还购进设备留抵税额的申请和审批

（一）企业应于每月申报期结束后10个工作日内向主管税务机关申请退还购进设备留抵税额。

主管税务机关接到企业申请后，应审核企业提供的增值税专用发票或海关进口增值税专用缴款书是否符合现行政策规定，其注明的设备名称与企业实际购进的设备是否一致，申请退还的购进设备留抵税额是否正确。审核无误后，由县（区、市）级主管税务机关审批。

（二）企业收到退税款项的当月，应将退税额从增值税进项税额中转出。未转出的，按照《中华人民共和国税收征收管理法》有关规定承担相应法律责任。

（三）企业首次申请退还购进设备留抵税额时，可将2009年以来形成的购进设备留抵税额，按照上述规定一次性申请退还。

四、退还的购进设备留抵税额由中央和地方按照现行增值税分享比例共同负担。

五、本通知自2011年11月1日起执行。

附件：国家批准的集成电路重大项目企业名单

附件

国家批准的集成电路重大项目企业名单

序号	项目企业	所在省市和区县
1	中芯国际集成电路制造（北京）有限公司	北京亦庄经济技术开发区
2	北京京东方显示技术有限公司	北京市经济技术开发区
3	中芯国际集成电路制造（天津）有限公司	天津西青经济开发区
4	飞思卡尔半导体（中国）有限公司	天津经济技术开发区
5	鄂尔多斯市源盛光电有限责任公司	内蒙古自治区鄂尔多斯市东胜区
6	英特尔半导体（大连）有限公司	大连经济技术开发区
7	上海华虹NEC电子有限公司	上海市浦东新区
8	上海华力微电子有限公司	上海市浦东新区
9	上海集成电路研发中心有限公司	上海市浦东新区
10	上海先进半导体制造股份有限公司	上海市徐汇区
11	台积电（中国）有限公司	上海市松江区
12	中芯国际集成电路制造（上海）有限公司	上海市浦东新区
13	上海宏力半导体制造有限公司	上海市浦东新区
14	日月光集成电路制造（中国）有限公司	上海市浦东新区
15	南京中电熊猫液晶显示科技有限公司	江苏省南京市栖霞区

续表

序号	项目企业	所在省市和区县
16	和舰科技（苏州）有限公司	江苏省苏州工业园
17	无锡华润上华科技有限公司	江苏省无锡国家高新技术产业开发区
18	海力士半导体（中国）有限公司	江苏省无锡市出口加工区
19	友达光电（昆山）有限公司	江苏省昆山经济技术开发区
20	苏州三星电子液晶显示科技有限公司	江苏省苏州工业园区
21	智瑞达科技（苏州）有限公司	江苏省苏州工业园区
22	苏州日月新半导体有限公司	江苏省苏州工业园区
23	合肥鑫晟光电科技有限公司	安徽省合肥市新站综合开发试验区
24	合肥京东方光电科技有限公司	安徽省合肥市新站综合开发试验区
25	厦门天马微电子有限公司	厦门火炬高新区
26	武汉新芯集成电路制造有限公司	湖北省武汉市武汉东湖新技术开发区
27	乐金显示（中国）有限公司	广东省广州高新技术产业开发区
28	深圳市华星光电技术有限公司	深圳市光明新区
29	渝德科技（重庆）有限公司	重庆市沙坪坝区

7-2 《中华人民共和国增值税暂行条例实施细则》第二十一条第二款

2011 年 10 月 28 日　财政部　国家税务总局令第 65 号

前款所称固定资产，是指使用期限超过 12 个月的机器、机械、运输工具以及其他与生产经营有关的设备、工具、器具等。

8. 集成电路企业退还的增值税期末留抵税额在城市维护建设税、教育费附加和地方教育附加的计税（征）依据中扣除

享受主体

享受增值税期末留抵退税政策的集成电路企业。

优惠内容

自 2017 年 2 月 24 日起，享受增值税期末留抵退税政策的集成电路企业，其退还的增值税期末留抵税额，应在城市维护建设税、教育费附加和地方教育附加的计税（征）依据中予以扣除。

享受条件

集成电路企业根据《财政部　国家税务总局关于退还集成电路企业采购设备增值税期末留抵税额的通知》（财税〔2011〕107 号）规定，享受增值税期末留抵退税。

政策依据

1）《财政部　国家税务总局关于退还集成电路企业采购设备增值税期末留抵税额的通知》（财税〔2011〕107 号）（见 P37　7－1）

2）《财政部　国家税务总局关于集成电路企业增值税期末留抵退税有关城市维护建设税　教育费附加和地方教育附加政策的通知》（财税〔2017〕17 号）

延伸阅读

8－1 《财政部　国家税务总局关于集成电路企业增值税期末留抵退税有关城市维护建设税　教育费附加和地方教育附加政策的通知》

2017 年 2 月 24 日　财税〔2017〕17 号

各省、自治区、直辖市、计划单列市财政厅（局）、国家税务局、地方税务局，新疆生产建设兵团财务局：

按照《国务院关于印发进一步鼓励软件产业和集成电路产业发展若干政策的通知》（国发〔2011〕4号）有关要求，现就集成电路企业增值税期末留抵退税事项涉及的城市维护建设税、教育费附加和地方教育附加政策明确如下：

享受增值税期末留抵退税政策的集成电路企业，其退还的增值税期末留抵税额，应在城市维护建设税、教育费附加和地方教育附加的计税（征）依据中予以扣除。

本通知自发布之日起施行。

9. 承建集成电路重大项目的企业进口新设备可分期缴纳进口增值税

享受主体

承建集成电路重大项目的企业。

优惠内容

承建集成电路重大项目的企业自2020年7月27日至2030年12月31日期间进口新设备，除《国内投资项目不予免税的进口商品目录》《外商投资项目不予免税的进口商品目录》和《进口不予免税的重大技术装备和产品目录》所列商品外，对未缴纳的税款提供海关认可的税款担保，准予在首台设备进口之后的6年（连续72个月）期限内**分期缴纳**进口环节增值税，6年内每年（连续12个月）依次缴纳进口环节增值税总额的0%、20%、20%、20%、20%、20%，自首台设备进口之日起已经缴纳的税款不予退还。在分期纳税期间，海关对准予分期缴纳的税款不予征收滞纳金。

享受条件

1）国家发展改革委会同工业和信息化部制定可享受进口新设备进口环节增值税分期纳税的集成电路重大项目标准和享受分期纳税承建企业的条件，并根据上述标准、条件确定集成电路重大项目建议名单和承建企业建议名单，函告财政部，抄送海关总署、税务总局。财政部会同海关总署、税务总局确定集成电路重大项目名单和承建企业名单，通知省级（包括省、自治区、直辖市、计划单列市、新疆生产建设兵团，下同）财政厅（局）、企业所在地直属海关、省级税务局。

2）承建企业应于承建的集成电路重大项目项下申请享受分期纳税的首台新设备进口 3 个月前，向省级财政厅（局）提出申请，附项目投资金额、进口设备时间、年度进口新设备金额、年度进口新设备进口环节增值税额、税款担保方案等信息，抄送企业所在地直属海关、省级税务局。省级财政厅（局）会同企业所在地直属海关、省级税务局初核后报送财政部，抄送海关总署、税务总局。

3）财政部会同海关总署、税务总局确定集成电路重大项目的分期纳税方案（包括项目名称、承建企业名称、分期纳税起止时间、分期纳税总税额、每季度纳税额等），通知省级财政厅（局）、企业所在地直属海关、省级税务局，由企业所在地直属海关告知相关企业。

4）分期纳税方案实施中，如项目名称发生变更，承建企业发生名称、经营范围变更等情形的，承建企业应在完成变更登记之日起 60 日内，向省级财政厅（局）、企业所在地直属海关、省级税务局报送变更情况说明，申请变更分期纳税方案相应内容。省级财政厅（局）会同企业所在地直属海关、省级税务局确定变更结果，并由省级财政厅（局）函告企业所在地直属海关，抄送省级税务局，报财政部、海关总署、税务总局备案。企业所在地直属海关将变更结果告知承建企业。承建企业超过本款前述时间报送变更情况说明的，省级财政厅（局）、企业所在地直属海关、省级税务局不予受理，该项目不再享受分期纳税，已进口设备的未缴纳税款应在完成变更登记次月起 3 个月内缴纳完毕。

5）享受分期纳税的进口新设备，应在企业所在地直属海关关区内申报进口。按海关事务担保的规定，承建企业对未缴纳的税款应提供海关认可的税款担保。海关对准予分期缴纳的税款不予征收滞纳金。承建企业在最后一次纳税时，由海关完成该项目全部应纳税款的汇算清缴。如违反规定，逾期未及时缴纳税款的，该项目不再享受分期纳税，已进口设备的未缴纳税款应在逾期未缴纳情形发生次月起 3 个月内缴纳完毕。

政策依据

1）《财政部　海关总署　税务总局关于支持集成电路产业和软件产业发展进口税收政策的通知》（财关税〔2021〕4号）

2）《财政部　国家发展改革委　工业和信息化部　海关总署　税务总局关于支持集成电路产业和软件产业发展进口税收政策管理办法的通知》（财关税〔2021〕5号）

3）《国家发展改革委　工业和信息化部　财政部　海关总署　税务总局关于做好享受税收优惠政策的集成电路企业或项目、软件企业清单制定工作有关要求的通知》（发改高技〔2021〕413号）（见P20　3-2）

延伸阅读

9-1 《财政部　海关总署　税务总局关于支持集成电路产业和软件产业发展进口税收政策的通知》

2021年3月16日　财关税〔2021〕4号

各省、自治区、直辖市、计划单列市财政厅（局），新疆生产建设兵团财政局，海关总署广东分署、各直属海关，国家税务总局各省、自治区、直辖市、计划单列市税务局，财政部各地监管局，国家税务总局驻各地特派员办事处：

为贯彻落实《国务院关于印发新时期促进集成电路产业和软件产业高质量发展若干政策的通知》（国发〔2020〕8号），经国务院同意，现将有关进口税收政策通知如下：

一、对下列情形，免征进口关税：

（一）集成电路线宽小于65纳米（含，下同）的逻辑电路、存储器生产企业，以及线宽小于0.25微米的特色工艺（即模拟、数模混合、高压、射频、功率、光电集成、图像传感、微机电系统、绝缘体上硅工艺）集成电路生产企业，进口国内不能生产或性能不能满足需求的自用生产性（含研发用，下同）原材料、消耗品，净化室专用建筑材料、配套系统和集成电路生产设备

（包括进口设备和国产设备）零配件。

（二）集成电路线宽小于0.5微米的化合物集成电路生产企业和先进封装测试企业，进口国内不能生产或性能不能满足需求的自用生产性原材料、消耗品。

（三）集成电路产业的关键原材料、零配件（即靶材、光刻胶、掩模版、封装载板、抛光垫、抛光液、8英寸及以上硅单晶、8英寸及以上硅片）生产企业，进口国内不能生产或性能不能满足需求的自用生产性原材料、消耗品。

（四）集成电路用光刻胶、掩模版、8英寸及以上硅片生产企业，进口国内不能生产或性能不能满足需求的净化室专用建筑材料、配套系统和生产设备（包括进口设备和国产设备）零配件。

（五）国家鼓励的重点集成电路设计企业和软件企业，以及符合本条第（一）、（二）项的企业（集成电路生产企业和先进封装测试企业）进口自用设备，及按照合同随设备进口的技术（含软件）及配套件、备件，但《国内投资项目不予免税的进口商品目录》《外商投资项目不予免税的进口商品目录》和《进口不予免税的重大技术装备和产品目录》所列商品除外。上述进口商品不占用投资总额，相关项目不需出具项目确认书。

二、根据国内产业发展、技术进步等情况，财政部、海关总署、税务总局将会同国家发展改革委、工业和信息化部对本通知第一条中的特色工艺类型和关键原材料、零配件类型适时调整。

三、承建集成电路重大项目的企业自2020年7月27日至2030年12月31日期间进口新设备，除《国内投资项目不予免税的进口商品目录》《外商投资项目不予免税的进口商品目录》和《进口不予免税的重大技术装备和产品目录》所列商品外，对未缴纳的税款提供海关认可的税款担保，准予在首台设备进口之后的6年（连续72个月）期限内分期缴纳进口环节增值税，6年内每年（连续12个月）依次缴纳进口环节增值税总额的0%、20%、20%、20%、20%、20%，自首台设备进口之日起已经缴纳的税款不予退还。在分期纳税期间，海关对准予分期缴纳的税款不予征收滞纳金。

四、支持集成电路产业和软件产业发展进口税收政策管理办法由财政部、海关总署、税务总局会同国家发展改革委、工业和信息化部另行制定印发。

五、本通知自2020年7月27日至2030年12月31日实施。自2020年7月27日，至第一批免税进口企业清单印发之日后30日内，已征的应免关税税款准予退还。

六、自2021年4月1日起，《财政部关于部分集成电路生产企业进口自用生产性原材料消耗品税收政策的通知》（财税〔2002〕136号）、《财政部关于部分集成电路生产企业进口净化室专用建筑材料等物资税收政策问题的通知》（财税〔2002〕152号）、《财政部　海关总署　国家税务总局　信息产业部关于线宽小于0.8微米（含）集成电路企业进口自用生产性原材料消耗品享受税收优惠政策的通知》（财关税〔2004〕45号）、《财政部　发展改革委　工业和信息化部　海关总署　国家税务总局关于调整集成电路生产企业进口自用生产性原材料消耗品免税商品清单的通知》（财关税〔2015〕46号）废止。

自2020年7月27日至2021年3月31日，既可享受本条上述4个文件相关政策又可享受本通知第一条第（一）、（二）项相关政策的免税进口企业，对同一张报关单，自主选择适用本条上述4个文件相关政策或本通知第一条第（一）、（二）项相关政策，不得累计享受税收优惠。

9-2 《财政部　国家发展改革委　工业和信息化部　海关总署　税务总局关于支持集成电路产业和软件产业发展进口税收政策管理办法的通知》

2021年3月22日　财关税〔2021〕5号

各省、自治区、直辖市、计划单列市财政厅（局）、发展改革委、工业和信息化主管部门，新疆生产建设兵团财政局、发展改革委、工业和信息化局，海关总署广东分署、各直属海关，国家税务总局各省、自治区、直辖市、计划单列市税务局，财政部各地监管局，国家税务总局驻各地特派员办事处：

为落实《财政部　海关总署　税务总局关于支持集成电路产业和软件产业发展进口税收政策的通知》（财关税〔2021〕4号，以下称《通知》），现将政策管理办法通知如下：

一、国家发展改革委会同工业和信息化部、财政部、海关总署、税务总局制定并联合印发享受免征进口关税的集成电路生产企业、先进封装测试企业和集成电路产业的关键原材料、零配件生产企业清单。

二、国家发展改革委、工业和信息化部会同财政部、海关总署、税务总局制定并联合印发享受免征进口关税的国家鼓励的重点集成电路设计企业和软件企业清单。

三、工业和信息化部会同国家发展改革委、财政部、海关总署、税务总局制定并联合印发国内不能生产或性能不能满足需求的自用生产性（含研发用）原材料、消耗品和净化室专用建筑材料、配套系统及生产设备（包括进口设备和国产设备）零配件的免税进口商品清单。

四、国家发展改革委会同工业和信息化部制定可享受进口新设备进口环节增值税分期纳税的集成电路重大项目标准和享受分期纳税承建企业的条件，并根据上述标准、条件确定集成电路重大项目建议名单和承建企业建议名单，函告财政部，抄送海关总署、税务总局。财政部会同海关总署、税务总局确定集成电路重大项目名单和承建企业名单，通知省级（包括省、自治区、直辖市、计划单列市、新疆生产建设兵团，下同）财政厅（局）、企业所在地直属海关、省级税务局。

承建企业应于承建的集成电路重大项目项下申请享受分期纳税的首台新设备进口3个月前，向省级财政厅（局）提出申请，附项目投资金额、进口设备时间、年度进口新设备金额、年度进口新设备进口环节增值税额、税款担保方案等信息，抄送企业所在地直属海关、省级税务局。省级财政厅（局）会同企业所在地直属海关、省级税务局初核后报送财政部，抄送海关总署、税务总局。

财政部会同海关总署、税务总局确定集成电路重大项目的分期纳税方案（包括项目名称、承建企业名称、分期纳税起止时间、分期纳税总税额、每季度纳税额等），通知省级财政厅（局）、企业所在地直属海关、省级税务局，由企业所在地直属海关告知相关企业。

分期纳税方案实施中，如项目名称发生变更，承建企业发生名称、经营范围变更等情形的，承建企业应在完成变更登记之日起60日内，向省级财政厅（局）、企业所在地直属海关、省级税务局报送变更情况说明，申请变更分期纳税方案相应内容。省级财政厅（局）会同企业所在地直属海关、省级税务局确定变更结果，并由省级财政厅（局）函告企业所在地直属海关，抄送省级税务局，报财政部、海关总署、税务总局备案。企业所在地直属海关将变更结果告知承建企业。承建企业超过本款前述时间报送变更情况说明的，省级财政厅（局）、企业所在地直属海关、省级税务局不予受理，该项目不再享受分期纳税，已进口设备的未缴纳税款应在完成变更登记次月起3个月内缴纳完毕。

享受分期纳税的进口新设备，应在企业所在地直属海关关区内申报进口。按海关事务担保的规定，承建企业对未缴纳的税款应提供海关认可的税款担保。海关对准予分期缴纳的税款不予征收滞纳金。承建企业在最后一次纳税时，由海关完成该项目全部应纳税款的汇算清缴。如违反规定，逾期未及时缴纳税款的，该项目不再享受分期纳税，已进口设备的未缴纳税款应在逾期未缴纳情形发生次月起3个月内缴纳完毕。

五、《通知》第一条第（五）项和第三条中的企业进口设备，同时适用申报进口当期的《国内投资项目不予免税的进口商品目录》《外商投资项目不予免税的进口商品目录》《进口不予免税的重大技术装备和产品目录》所列商品的累积范围。

六、免税进口企业应按照海关有关规定，办理有关进口商品的减免税手续。

七、本办法第一、二条中，国家发展改革委牵头制定或者国家发展改革委、工业和信息化部牵头制定的第一批免税进口企业清单自2020年7月27日实施，至该清单印发之日后30日内，已征的应免关税税款准予退还。本办法第三条中，工业和信息化部牵头制定的第一批免税进口商品清单自2020年7月27日实施。以后批次制定的免税进口企业清单、免税进口商品清单，分别自其印发之日后第20日起实施。

八、本办法第一、二条中的免税进口企业发生名称、经营范围变更等情形的，应自完成变更登记之日起60日内，将有关变更情况说明报送牵头部门。牵头部门分别按照本办法第一、二条规定，确定变更后的企业自变更登记之日起能否继续享受政策。企业超过本条前述时间报送变更情况说明的，牵头部门不予受理，该企业自变更登记之日起停止享受政策。确定结果或不予受理情况由牵头部门函告海关总署（确定结果较多时，每年至少分两批函告），抄送第一、二条中其他部门。

九、免税进口企业应按有关规定使用免税进口商品，如违反规定，将免税进口商品擅自转让、移作他用或者进行其他处置，被依法追究刑事责任的，在《通知》剩余有效期限内停止享受政策。

十、免税进口企业如存在以虚报情况获得免税资格，由国家发展改革委会同工业和信息化部、财政部、海关总署、税务总局等部门查实后，国家发展改革委函告海关总署，自函告之日起，该企业在《通知》剩余有效期限内停止享受政策。

十一、财政等有关部门及其工作人员在政策执行过程中，存在违反执行政策规定的行为，以及滥用职权、玩忽职守、徇私舞弊等违法违纪行为的，依照国家有关规定追究相应责任；涉嫌犯罪的，依法追究刑事责任。

十二、本办法有效期为2020年7月27日至2030年12月31日。

10. 线宽小于0.8微米的集成电路生产企业定期减免企业所得税

享受主体

集成电路线宽小于0.8微米的集成电路生产企业。

优惠内容

2017年12月31日前设立且在2019年12月31日前获利的集成电路线宽小于0.8微米（含）的集成电路生产企业，自获利年度起第一年至第二年免征企业所得税，第三年至第五年按照25%的法定税率减半征收企业所得税，并享受至期满为止。

享受条件

1）集成电路生产企业，是指以单片集成电路、多芯片集成电路、混合集成电路制造为主营业务并同时符合下列条件的企业：

（1）在中国境内（不包括港、澳、台地区）依法注册并在发展改革、工业和信息化部门备案的居民企业。

（2）汇算清缴年度具有劳动合同关系或劳务派遣、聘用关系且具有大学专科以上学历职工人数占企业月平均职工总人数的比例不低于40%，其中研究开发人员占企业月平均职工总数的比例不低于20%。

（3）拥有核心关键技术，并以此为基础开展经营活动，且汇算清缴年度研究开发费用总额占企业销售（营业）收入总额的比例不低于2%；其中，企业在中国境内发生的研究开发费用金额占研究开发费用总额的比例不低于60%；同时企业应持续加强研发活动，不断提高研发能力。

（4）汇算清缴年度集成电路制造销售（营业）收入占企业收入总额的比例不低于60%。

（5）具有保证产品生产的手段和能力，并获得有关资质认证（包括ISO质量体系认证）。

（6）汇算清缴年度未发生重大安全、重大质量事故或严重环境违法行为。

2）符合上述政策条件且在2019年（含）之前已经进入优惠期的企业，2020年（含）起可按上述政策规定继续享受至期满为止，如也符合45号公告规定，可按45号公告规定享受相关优惠，其中定期减免税优惠，可按45号公告规定计算优惠期，并就剩余期限享受优惠至期满为止。

符合上述政策条件，2019年（含）之前尚未进入优惠期的企业，2020年（含）起不再执行上述政策。

政策依据

1）《财政部　国家税务总局　发展改革委　工业和信息化部关于软件和集成电路产业企业所得税优惠政策有关问题的通知》（财税〔2016〕49号）（见P8　2－2）

2）《财政部　税务总局　国家发展改革委　工业和信息化部关于集成电路生产企业有关企业所得税政策问题的通知》（财税〔2018〕27号）第六条、第七条

3）《财政部　税务总局　发展改革委　工业和信息化部关于促进集成电路产业和软件产业高质量发展企业所得税政策的公告》（财政部　税务总局　发展改革委　工业和信息化部公告2020年第45号）第五条

延伸阅读

10－1 《财政部　税务总局　国家发展改革委　工业和信息化部关于集成电路生产企业有关企业所得税政策问题的通知》第六条、第七条

2018年3月28日　财税〔2018〕27号

六、2017年12月31日前设立但未获利的集成电路线宽小于0.8微米（含）的集成电路生产企业，自获利年度起第一年至第二年免征企业所得税，第三年至第五年按照25%的法定税率减半征收企业所得税，并享受至期满为止。

七、享受本通知规定税收优惠政策的集成电路生产企业的范围和条件，按照《财政部　国家税务总局　发展改革委　工业和信息化部关于软件和集成电路产业企业所得税优惠政策有关问题的通知》（财税〔2016〕49号）第二条执行；财税〔2016〕49号文件第二条第（二）项中"具有劳动合同关系"调整为"具有劳动合同关系或劳务派遣、聘用关系"，第（三）项中汇算清缴年度研究开发费用总额占企业销售（营业）收入总额（主营业务收入与其他业务收入之和）的比例由"不低于5%"调整为"不低于2%"，同时企业应持续加强研发活动，不断提高研发能力。

10－2 《财政部　税务总局　发展改革委　工业和信息化部关于促进集成电路产业和软件产业高质量发展企业所得税政策的公告》第五条

2020年12月11日　财政部　税务总局　发展改革委

工业和信息化部公告2020年第45号

五、符合原有政策条件且在2019年（含）之前已经进入优惠期的企业或项目，2020 年（含）起可按原有政策规定继续享受至期满为止，如也符合本公告第一条至第四条规定，可按本公告规定享受相关优惠，其中定期减免税优惠，可按本公告规定计算优惠期，并就剩余期限享受优惠至期满为止。符合原有政策条件，2019 年（含）之前尚未进入优惠期的企业或项目，2020 年（含）起不再执行原有政策。

11. 线宽小于 0.25 微米的集成电路生产企业定期减免企业所得税

享受主体

集成电路线宽小于 0.25 微米的集成电路生产企业。

优惠内容

2017 年 12 月 31 日前设立且在 2019 年 12 月 31 日前获利的集成电路线宽小于 0.25 微米，且经营期在 15 年以上的集成电路生产企业，自获利年度起第一年至第五年免征企业所得税，第六年至第十年按照 25% 的法定税率减半征收企业所得税，并享受至期满为止。

享受条件

1）集成电路生产企业，是指以单片集成电路、多芯片集成电路、混合集成电路制造为主营业务并同时符合下列条件的企业：

（1）在中国境内（不包括港、澳、台地区）依法注册并在发展改革、工业和信息化部门备案的居民企业。

（2）汇算清缴年度具有劳动合同关系或劳务派遣、聘用关系且具有大学专科以上学历职工人数占企业月平均职工总人数的比例不低于 40%，其中研究开发人员占企业月平均职工总数的比例不低于 20%。

（3）拥有核心关键技术，并以此为基础开展经营活动，且汇算清缴年度研究开发费用总额占企业销售（营业）收入总额的比例不低于 2%；其中，企业在中国境内发生的研究开发费用金额占研究开发费用总额的比例不低于

60%；同时企业应持续加强研发活动，不断提高研发能力。

（4）汇算清缴年度集成电路制造销售（营业）收入占企业收入总额的比例不低于60%。

（5）具有保证产品生产的手段和能力，并获得有关资质认证（包括 ISO 质量体系认证）。

（6）汇算清缴年度未发生重大安全、重大质量事故或严重环境违法行为。

2）符合上述政策条件且在 2019 年（含）之前已经进入优惠期的企业，2020 年（含）起可按上述政策规定继续享受至期满为止，如也符合 45 号公告规定，可按 45 号公告规定享受相关优惠，其中定期减免税优惠，可按 45 号公告规定计算优惠期，并就剩余期限享受优惠至期满为止。

符合上述政策条件，2019 年（含）之前尚未进入优惠期的企业，2020 年（含）起不再执行上述政策。

政策依据

1）《财政部　国家税务总局　发展改革委　工业和信息化部关于软件和集成电路产业企业所得税优惠政策有关问题的通知》（财税〔2016〕49 号）（见 P8　2－2）

2）《财政部　税务总局　国家发展改革委　工业和信息化部关于集成电路生产企业有关企业所得税政策问题的通知》（财税〔2018〕27 号）第五条、第七条

3）《财政部　税务总局　发展改革委　工业和信息化部关于促进集成电路产业和软件产业高质量发展企业所得税政策的公告》（财政部　税务总局　发展改革委　工业和信息化部公告 2020 年第 45 号）第五条（见 P50　10－2）

延伸阅读

11-1 《财政部 税务总局 国家发展改革委 工业和信息化部关于集成电路生产企业有关企业所得税政策问题的通知》第五条、第七条

2018年3月28日 财税〔2018〕27号

五、2017年12月31日前设立但未获利的集成电路线宽小于0.25微米或投资额超过80亿元，且经营期在15年以上的集成电路生产企业，自获利年度起第一年至第五年免征企业所得税，第六年至第十年按照25%的法定税率减半征收企业所得税，并享受至期满为止。

……

七、享受本通知规定税收优惠政策的集成电路生产企业的范围和条件，按照《财政部 国家税务总局 发展改革委 工业和信息化部关于软件和集成电路产业企业所得税优惠政策有关问题的通知》（财税〔2016〕49号）第二条执行；财税〔2016〕49号文件第二条第（二）项中“具有劳动合同关系”调整为“具有劳动合同关系或劳务派遣、聘用关系”，第（三）项中汇算清缴年度研究开发费用总额占企业销售（营业）收入总额（主营业务收入与其他业务收入之和）的比例由“不低于5%”调整为“不低于2%”，同时企业应持续加强研发活动，不断提高研发能力。

12. 投资额超过80亿元的集成电路生产企业定期减免企业所得税

享受主体

投资额超过80亿元的集成电路生产企业。

优惠内容

2017 年 12 月 31 日前设立且在 2019 年 12 月 31 日前获利的投资额超过 80 亿元，且经营期在 15 年以上的集成电路生产企业，自获利年度起第一年至第五年免征企业所得税，第六年至第十年按照 25% 的法定税率减半征收企业所得税，并享受至期满为止。

享受条件

1）集成电路生产企业，是指以单片集成电路、多芯片集成电路、混合集成电路制造为主营业务并同时符合下列条件的企业：

（1）在中国境内（不包括港、澳、台地区）依法注册并在发展改革、工业和信息化部门备案的居民企业。

（2）汇算清缴年度具有劳动合同关系或劳务派遣、聘用关系且具有大学专科以上学历职工人数占企业月平均职工总人数的比例不低于 40%，其中研究开发人员占企业月平均职工总数的比例不低于 20%。

（3）拥有核心关键技术，并以此为基础开展经营活动，且汇算清缴年度研究开发费用总额占企业销售（营业）收入总额的比例不低于 2%；其中，企业在中国境内发生的研究开发费用金额占研究开发费用总额的比例不低于 60%；同时企业应持续加强研发活动，不断提高研发能力。

（4）汇算清缴年度集成电路制造销售（营业）收入占企业收入总额的比例不低于 60%。

（5）具有保证产品生产的手段和能力，并获得有关资质认证（包括 ISO 质量体系认证）。

（6）汇算清缴年度未发生重大安全、重大质量事故或严重环境违法行为。

2）符合上述政策条件且在 2019 年（含）之前已经进入优惠期的企业，2020 年（含）起可按上述政策规定继续享受至期满为止，如也符合 45 号公告规定，可按 45 号公告规定享受相关优惠，其中定期减免税优惠，可按 45 号公告规定计算优惠期，并就剩余期限享受优惠至期满为止。

符合上述政策条件，2019 年（含）之前尚未进入优惠期的企业，2020 年（含）起不再执行上述政策。

政策依据

1）《财政部　国家税务总局　发展改革委　工业和信息化部关于软件和集成电路产业企业所得税优惠政策有关问题的通知》（财税〔2016〕49 号）（见 P8　2－2）

2）《财政部　税务总局　国家发展改革委　工业和信息化部关于集成电路生产企业有关企业所得税政策问题的通知》（财税〔2018〕27 号）第五条、第七条（见 P53　11－1）

3）《财政部　税务总局　发展改革委　工业和信息化部关于促进集成电路产业和软件产业高质量发展企业所得税政策的公告》（财政部　税务总局　发展改革委　工业和信息化部公告 2020 年第 45 号）第五条（见 P50　10－2）

13. 投资额超过 150 亿元的集成电路生产企业或项目定期减免企业所得税

享受主体

集成电路投资额**超过 150 亿元**的集成电路生产企业或项目。

优惠内容

2018 年 1 月 1 日后投资新设的集成电路投资额超过 150 亿元，经营期在 15 年以上且在 2019 年 12 月 31 日前获利的集成电路生产企业或项目，第一年至第五年**免征**企业所得税，第六年至第十年按照 25% 的法定税率**减半征收**企业所得税，并享受至期满为止。

享受条件

1）集成电路生产企业，是指以单片集成电路、多芯片集成电路、混合集成电路制造为主营业务并同时符合下列条件的企业：

（1）在中国境内（不包括港、澳、台地区）依法注册并在发展改革、工业和信息化部门备案的居民企业。

（2）汇算清缴年度具有劳动合同关系或劳务派遣、聘用关系且具有大学专科以上学历职工人数占企业月平均职工总人数的比例不低于 40%，其中研究开发人员占企业月平均职工总数的比例不低于 20%。

（3）拥有核心关键技术，并以此为基础开展经营活动，且汇算清缴年度研究开发费用总额占企业销售（营业）收入（主营业务收入与其他业务收入之和）总额的比例不低于 2%。其中，企业在中国境内发生的研究开发费用金额占研究开发费用总额的比例不低于 60%，同时企业应持续加强研发活动，不断提高研发能力。

（4）汇算清缴年度集成电路制造销售（营业）收入占企业收入总额的比例不低于 60%。

（5）具有保证产品生产的手段和能力，并获得有关资质认证（包括 ISO 质量体系认证）。

（6）汇算清缴年度未发生重大安全、重大质量事故或严重环境违法行为。

2）对于按照集成电路生产企业享受本税收优惠政策的，优惠期自企业获利年度起计算；对于按照集成电路生产项目享受上述优惠的，优惠期自项目取得第一笔生产经营收入所属纳税年度起计算。

3）享受本税收优惠政策的集成电路生产项目，其主体企业应符合集成电路生产企业条件，且能够对该项目单独进行会计核算、计算所得，并合理分摊期间费用。

4）符合上述政策条件且在 2019 年（含）之前已经进入优惠期的企业或项目，2020 年（含）起可按上述政策规定继续享受至期满为止，如也符合 45 号公告规定，可按 45 号公告规定享受相关优惠，其中定期减免税优惠，可按 45 号公告规定计算优惠期，并就剩余期限享受优惠至期满为止。

符合上述政策条件，2019 年（含）之前尚未进入优惠期的企业或项目，2020 年（含）起不再执行上述政策。

政策依据

1）《财政部　国家税务总局　发展改革委　工业和信息化部关于软件和集成电路产业企业所得税优惠政策有关问题的通知》（财税〔2016〕49 号）

（见 P8　2－2）

2）《财政部　税务总局　国家发展改革委　工业和信息化部关于集成电路生产企业有关企业所得税政策问题的通知》（财税〔2018〕27 号）第二条、第七条

3）《财政部　税务总局　发展改革委　工业和信息化部关于促进集成电路产业和软件产业高质量发展企业所得税政策的公告》（财政部　税务总局　发展改革委　工业和信息化部公告 2020 年第 45 号）第五条（见 P50　10－2）

延伸阅读

13－1 《财政部　税务总局　国家发展改革委　工业和信息化部关于集成电路生产企业有关企业所得税政策问题的通知》第二条、第七条

2018 年 3 月 28 日　财税〔2018〕27 号

二、2018 年 1 月 1 日后投资新设的集成电路线宽小于 65 纳米或投资额超过 150 亿元，且经营期在 15 年以上的集成电路生产企业或项目，第一年至第五年免征企业所得税，第六年至第十年按照 25% 的法定税率减半征收企业所得税，并享受至期满为止。

……

七、享受本通知规定税收优惠政策的集成电路生产企业的范围和条件，按照《财政部　国家税务总局　发展改革委　工业和信息化部关于软件和集成电路产业企业所得税优惠政策有关问题的通知》（财税〔2016〕49 号）第二条执行；财税〔2016〕49 号文件第二条第（二）项中“具有劳动合同关系”调整为“具有劳动合同关系或劳务派遣、聘用关系”，第（三）项中汇算清缴年度研究开发费用总额占企业销售（营业）收入总额（主营业务收入与其他业务收入之和）的比例由“不低于 5%”调整为“不低于 2%”，同时企业应持续加强研发活动，不断提高研发能力。

14. 国家鼓励的线宽小于 28 纳米的集成电路生产企业或项目定期减免企业所得税

享受主体

国家鼓励的集成电路线宽小于 28 纳米（含），且经营期在 15 年以上的集成电路生产企业或项目。

优惠内容

2020 年 1 月 1 日起，国家鼓励的集成电路线宽小于 28 纳米（含），且经营期在 15 年以上的集成电路生产企业或项目，第一年至第十年免征企业所得税。

享受条件

1）对于按照集成电路生产企业享受税收优惠政策的，优惠期自获利年度起计算；对于按照集成电路生产项目享受税收优惠政策的，优惠期自项目取得第一笔生产经营收入所属纳税年度起计算，集成电路生产项目需单独进行会计核算、计算所得，并合理分摊期间费用。

2）国家鼓励的集成电路生产企业或项目清单由国家发展改革委、工业和信息化部会同财政部、税务总局等相关部门制定。

3）国家鼓励的集成电路线宽小于 28 纳米（含）的集成电路生产企业或项目享受税收优惠政策条件如下：

（1）在中国境内（不包括港、澳、台地区）依法注册并具有独立法人资格的企业；

（2）符合国家布局规划和产业政策；

（3）汇算清缴年度，具有劳动合同关系或劳务派遣、聘用关系，其中具有本科及以上学历月平均职工人数占企业月平均职工总人数的比例不低于 30%，研究开发人员月平均数占企业月平均职工总数的比例不低于 20%（从事 8 英寸及以下集成电路生产的不低于 15%）；

（4）企业拥有关键核心技术和属于本企业的知识产权，并以此为基础开展经营活动，且汇算清缴年度研究开发费用总额占企业销售（营业）收入（主营业务收入与其他业务收入之和）总额的比例不低于 2%；

（5）汇算清缴年度集成电路制造销售（营业）收入占企业收入总额的比例不低于 60%；

（6）具有保证相关工艺线宽产品生产的手段和能力；

（7）汇算清缴年度未发生重大安全、重大质量事故或严重环境违法行为；

（8）对于按照集成电路生产项目享受税收优惠政策的，项目主体企业应符合相应的集成电路生产企业条件，且能够对该项目单独进行会计核算、计算所得，并合理分摊期间费用。

4）集成电路企业或项目按照 45 号公告规定同时符合多项定期减免税优惠政策条件的，由企业选择其中一项政策享受相关优惠。其中，已经进入优惠期的，可由企业在剩余期限内选择其中一项政策享受相关优惠。

政策依据

1）《财政部　税务总局　发展改革委　工业和信息化部关于促进集成电路产业和软件产业高质量发展企业所得税政策的公告》（财政部　税务总局　发展改革委　工业和信息化部公告 2020 年第 45 号）第一条、第五条、第六条、第九条

2）《国家发展改革委　工业和信息化部　财政部　海关总署　税务总局关于做好享受税收优惠政策的集成电路企业或项目、软件企业清单制定工作有关要求的通知》（发改高技〔2021〕413 号）（见 P20　3－2）

延伸阅读

14－1《财政部　税务总局　发展改革委　工业和信息化部关于促进集成电路产业和软件产业高质量发展企业所得税政策的公告》第一条、第五条、第六条、第九条

2020年12月11日　财政部　税务总局　发展改革委
工业和信息化部公告2020年第45号

一、国家鼓励的集成电路线宽小于28纳米（含），且经营期在15年以上的集成电路生产企业或项目，第一年至第十年免征企业所得税；国家鼓励的集成电路线宽小于65纳米（含），且经营期在15年以上的集成电路生产企业或项目，第一年至第五年免征企业所得税，第六年至第十年按照25%的法定税率减半征收企业所得税；国家鼓励的集成电路线宽小于130纳米（含），且经营期在10年以上的集成电路生产企业或项目，第一年至第二年免征企业所得税，第三年至第五年按照25%的法定税率减半征收企业所得税。

对于按照集成电路生产企业享受税收优惠政策的，优惠期自获利年度起计算；对于按照集成电路生产项目享受税收优惠政策的，优惠期自项目取得第一笔生产经营收入所属纳税年度起计算，集成电路生产项目需单独进行会计核算、计算所得，并合理分摊期间费用。

国家鼓励的集成电路生产企业或项目清单由国家发展改革委、工业和信息化部会同财政部、税务总局等相关部门制定。

……

五、符合原有政策条件且在2019年（含）之前已经进入优惠期的企业或项目，2020年（含）起可按原有政策规定继续享受至期满为止，如也符合本公告第一条至第四条规定，可按本公告规定享受相关优惠，其中定期减免税优惠，可按本公告规定计算优惠期，并就剩余期限享受优惠至期满为止。符合原有政策条件，2019年（含）之前尚未进入优惠期的企业或项目，2020年（含）起不再执行原有政策。

六、集成电路企业或项目、软件企业按照本公告规定同时符合多项定期减

免税优惠政策条件的，由企业选择其中一项政策享受相关优惠。其中，已经进入优惠期的，可由企业在剩余期限内选择其中一项政策享受相关优惠。

……

九、本公告所称原有政策，包括：《财政部 国家税务总局关于进一步鼓励软件产业和集成电路产业发展企业所得税政策的通知》（财税〔2012〕27号）、《财政部 国家税务总局 发展改革委 工业和信息化部关于进一步鼓励集成电路产业发展企业所得税政策的通知》（财税〔2015〕6号）、《财政部 国家税务总局 发展改革委 工业和信息化部关于软件和集成电路产业企业所得税优惠政策有关问题的通知》（财税〔2016〕49号）、《财政部 税务总局 国家发展改革委 工业和信息化部关于集成电路生产企业有关企业所得税政策问题的通知》（财税〔2018〕27号）、《财政部 税务总局关于集成电路设计和软件产业企业所得税政策的公告》（财政部 税务总局公告2019年第68号）、《财政部 税务总局关于集成电路设计企业和软件企业2019年度企业所得税汇算清缴适用政策的公告》（财政部 税务总局公告2020年第29号）。

15. 国家鼓励的线宽小于65纳米的集成电路生产企业或项目定期减免企业所得税

享受主体

国家鼓励的集成电路线宽小于65纳米（含），且经营期在15年以上的集成电路生产企业或项目。

优惠内容

2020年1月1日起，国家鼓励的集成电路线宽小于65纳米（含），且经营期在15年以上的集成电路生产企业或项目，第一年至第五年免征企业所得税，第六年至第十年按照25%的法定税率减半征收企业所得税。

享受条件

1）对于按照集成电路生产企业享受税收优惠政策的，优惠期自获利年度起计算；对于按照集成电路生产项目享受税收优惠政策的，优惠期自项目取得第一笔生产经营收入所属纳税年度起计算，集成电路生产项目需单独进行会计核算、计算所得，并合理分摊期间费用。

2）国家鼓励的集成电路生产企业或项目清单由国家发展改革委、工业和信息化部会同财政部、税务总局等相关部门制定。

3）国家鼓励的集成电路线宽小于65纳米（含）的集成电路生产企业或项目享受税收优惠政策条件如下：

（1）在中国境内（不包括港、澳、台地区）依法注册并具有独立法人资格的企业；

（2）符合国家布局规划和产业政策；

（3）汇算清缴年度，具有劳动合同关系或劳务派遣、聘用关系，其中具有本科及以上学历月平均职工人数占企业月平均职工总人数的比例不低于30%，研究开发人员月平均数占企业月平均职工总数的比例不低于20%（从事8英寸及以下集成电路生产的不低于15%）；

（4）企业拥有关键核心技术和属于本企业的知识产权，并以此为基础开展经营活动，且汇算清缴年度研究开发费用总额占企业销售（营业）收入（主营业务收入与其他业务收入之和）总额的比例不低于2%；

（5）汇算清缴年度集成电路制造销售（营业）收入占企业收入总额的比例不低于60%；

（6）具有保证相关工艺线宽产品生产的手段和能力；

（7）汇算清缴年度未发生重大安全、重大质量事故或严重环境违法行为；

（8）对于按照集成电路生产项目享受税收优惠政策的，项目主体企业应符合相应的集成电路生产企业条件，且能够对该项目单独进行会计核算、计算所得，并合理分摊期间费用。

4）符合原有政策条件且在2019年（含）之前已经进入优惠期的企业或项目，2020年（含）起可按原有政策规定继续享受至期满为止，如也符合45号公告规定，可按规定享受相关优惠，其中定期减免税优惠，可按45号公告规定计算优惠期，并就剩余期限享受优惠至期满为止。符合原有政策条件，

2019 年（含）之前尚未进入优惠期的企业或项目，2020 年（含）起不再执行原有政策。

5）集成电路企业或项目按照 45 号公告规定同时符合多项定期减免税优惠政策条件的，由企业选择其中一项政策享受相关优惠。其中，已经进入优惠期的，可由企业在剩余期限内选择其中一项政策享受相关优惠。

政策依据

1）《财政部　税务总局　发展改革委　工业和信息化部关于促进集成电路产业和软件产业高质量发展企业所得税政策的公告》（财政部　税务总局　发展改革委　工业和信息化部公告 2020 年第 45 号）第一条、第五条、第六条、第九条（见 P60　14－1）

2）《财政部　税务总局　国家发展改革委　工业和信息化部关于集成电路生产企业有关企业所得税政策问题的通知》（财税〔2018〕27 号）第二条

3）《国家发展改革委　工业和信息化部　财政部　海关总署　税务总局关于做好享受税收优惠政策的集成电路企业或项目、软件企业清单制定工作有关要求的通知》（发改高技〔2021〕413 号）（见 P20　3－2）

延伸阅读

15－1 《财政部　税务总局　国家发展改革委　工业和信息化部关于集成电路生产企业有关企业所得税政策问题的通知》第二条

2018 年 3 月 28 日　财税〔2018〕27 号

二、2018 年 1 月 1 日后投资新设的集成电路线宽小于 65 纳米或投资额超过 150 亿元，且经营期在 15 年以上的集成电路生产企业或项目，第一年至第五年免征企业所得税，第六年至第十年按照 25% 的法定税率减半征收企业所得税，并享受至期满为止。

16. 国家鼓励的线宽小于 130 纳米的集成电路生产企业或项目定期减免企业所得税

享受主体

国家鼓励的集成电路线宽小于 130 纳米（含），且经营期在 10 年以上的集成电路生产企业或项目。

优惠内容

2020 年 1 月 1 日起，国家鼓励的集成电路线宽小于 130 纳米（含），且经营期在 10 年以上的集成电路生产企业或项目，第一年至第二年免征企业所得税，第三年至第五年按照 25% 的法定税率减半征收企业所得税。

享受条件

1）对于按照集成电路生产企业享受税收优惠政策的，优惠期自获利年度起计算；对于按照集成电路生产项目享受税收优惠政策的，优惠期自项目取得第一笔生产经营收入所属纳税年度起计算，集成电路生产项目需单独进行会计核算、计算所得，并合理分摊期间费用。

2）国家鼓励的集成电路生产企业或项目清单由国家发展改革委、工业和信息化部会同财政部、税务总局等相关部门制定。

3）国家鼓励的集成电路线宽小于 130 纳米（含）的集成电路生产企业或项目享受税收优惠政策条件如下：

（1）在中国境内（不包括港、澳、台地区）依法注册并具有独立法人资格的企业；

（2）符合国家布局规划和产业政策；

（3）汇算清缴年度，具有劳动合同关系或劳务派遣、聘用关系，其中具有本科及以上学历月平均职工人数占企业月平均职工总人数的比例不低于 30%，研究开发人员月平均数占企业月平均职工总数的比例不低于 20%（从事 8 英寸及以下集成电路生产的不低于 15%）；

（4）企业拥有关键核心技术和属于本企业的知识产权，并以此为基础开展经营活动，且汇算清缴年度研究开发费用总额占企业销售（营业）收入（主营业务收入与其他业务收入之和）总额的比例不低于2%；

（5）汇算清缴年度集成电路制造销售（营业）收入占企业收入总额的比例不低于60%；

（6）具有保证相关工艺线宽产品生产的手段和能力；

（7）汇算清缴年度未发生重大安全、重大质量事故或严重环境违法行为；

（8）对于按照集成电路生产项目享受税收优惠政策的，项目主体企业应符合相应的集成电路生产企业条件，且能够对该项目单独进行会计核算、计算所得，并合理分摊期间费用。

4）符合原有政策条件且在2019年（含）之前已经进入优惠期的企业或项目，2020年（含）起可按原有政策规定继续享受至期满为止，如也符合45号公告规定，可按规定享受相关优惠，其中定期减免税优惠，可按45号公告规定计算优惠期，并就剩余期限享受优惠至期满为止。符合原有政策条件，2019年（含）之前尚未进入优惠期的企业或项目，2020年（含）起不再执行原有政策。

5）集成电路企业或项目按照45号公告规定同时符合多项定期减免税优惠政策条件的，由企业选择其中一项政策享受相关优惠。其中，已经进入优惠期的，可由企业在剩余期限内选择其中一项政策享受相关优惠。

政策依据

1）《财政部　税务总局　发展改革委　工业和信息化部关于促进集成电路产业和软件产业高质量发展企业所得税政策的公告》（财政部　税务总局　发展改革委　工业和信息化部公告2020年第45号）第一条、第五条、第六条、第九条（见P60　14－1）

2）《财政部　税务总局　国家发展改革委　工业和信息化部关于集成电路生产企业有关企业所得税政策问题的通知》（财税〔2018〕27号）第一条

3）《国家发展改革委　工业和信息化部　财政部　海关总署　税务总局关于做好享受税收优惠政策的集成电路企业或项目、软件企业清单制定工作有关要求的通知》（发改高技〔2021〕413号）（见P20　3－2）

延伸阅读

16－1 《财政部 税务总局 国家发展改革委 工业和信息化部关于集成电路生产企业有关企业所得税政策问题的通知》第一条

2018 年 3 月 28 日 财税〔2018〕27 号

一、2018 年 1 月 1 日后投资新设的集成电路线宽小于 130 纳米，且经营期在 10 年以上的集成电路生产企业或项目，第一年至第二年免征企业所得税，第三年至第五年按照 25% 的法定税率减半征收企业所得税，并享受至期满为止。

17. 国家鼓励的线宽小于 130 纳米的集成电路生产企业延长亏损结转年限

享受主体

国家鼓励的线宽小于 130 纳米的集成电路生产企业。

优惠内容

自 2020 年 1 月 1 日起，国家鼓励的线宽小于 130 纳米（含）的集成电路生产企业，属于国家鼓励的集成电路生产企业清单年度之前 5 个纳税年度发生的尚未弥补完的亏损，准予向以后年度结转，总结转年限最长不得超过 10 年。

享受条件

国家鼓励的集成电路线宽小于 130 纳米（含）的集成电路生产企业享受税收优惠政策条件如下：

1）在中国境内（不包括港、澳、台地区）依法注册并具有独立法人资格的企业；

2）符合国家布局规划和产业政策；

3）汇算清缴年度，具有劳动合同关系或劳务派遣、聘用关系，其中具有本科及以上学历月平均职工人数占企业月平均职工总人数的比例不低于30%，研究开发人员月平均数占企业月平均职工总数的比例不低于20%（从事8英寸及以下集成电路生产的不低于15%）；

4）企业拥有关键核心技术和属于本企业的知识产权，并以此为基础开展经营活动，且汇算清缴年度研究开发费用总额占企业销售（营业）收入（主营业务收入与其他业务收入之和）总额的比例不低于2%；

5）汇算清缴年度集成电路制造销售（营业）收入占企业收入总额的比例不低于60%；

6）具有保证相关工艺线宽产品生产的手段和能力；

7）汇算清缴年度未发生重大安全、重大质量事故或严重环境违法行为；

8）对于按照集成电路生产项目享受税收优惠政策的，项目主体企业应符合相应的集成电路生产企业条件，且能够对该项目单独进行会计核算、计算所得，并合理分摊期间费用。

政策依据

1）《财政部　税务总局　发展改革委　工业和信息化部关于促进集成电路产业和软件产业高质量发展企业所得税政策的公告》（财政部　税务总局　发展改革委　工业和信息化部公告2020年第45号）第二条

2）《国家发展改革委　工业和信息化部　财政部　海关总署　税务总局关于做好享受税收优惠政策的集成电路企业或项目、软件企业清单制定工作有关要求的通知》（发改高技〔2021〕413号）（见P20　3－2）

延伸阅读

17-1 《财政部　税务总局　发展改革委　工业和信息化部关于促进集成电路产业和软件产业高质量发展企业所得税政策的公告》第二条

2020年12月11日　财政部　税务总局　发展改革委　工业和信息化部公告2020年第45号

二、国家鼓励的线宽小于130纳米（含）的集成电路生产企业，属于国家鼓励的集成电路生产企业清单年度之前5个纳税年度发生的尚未弥补完的亏损，准予向以后年度结转，总结转年限最长不得超过10年。

18. 国家鼓励的集成电路设计、装备、材料、封装、测试企业定期减免企业所得税

享受主体

国家鼓励的集成电路设计、装备、材料、封装、测试企业。

优惠内容

2020年1月1日起，国家鼓励的集成电路设计、装备、材料、封装、测试企业，自获利年度起，第一年至第二年免征企业所得税，第三年至第五年按照25%的法定税率减半征收企业所得税。

享受条件

1）国家鼓励的集成电路设计企业，必须同时满足以下条件：

（1）在中国境内（不包括港、澳、台地区）依法设立，从事集成电路设

计、电子设计自动化（EDA）工具开发或知识产权（IP）核设计并具有独立法人资格的企业；

（2）汇算清缴年度具有劳动合同关系或劳务派遣、聘用关系的月平均职工人数不少于20人，其中具有本科及以上学历月平均职工人数占企业月平均职工总人数的比例不低于50%，研究开发人员月平均数占企业月平均职工总数的比例不低于40%；

（3）汇算清缴年度研究开发费用总额占企业销售（营业）收入（主营业务收入与其他业务收入之和，下同）总额的比例不低于6%；

（4）汇算清缴年度集成电路设计（含EDA工具、IP和设计服务，下同）销售（营业）收入占企业收入总额的比例不低于60%，其中自主设计销售（营业）收入占企业收入总额的比例不低于50%，且企业收入总额不低于（含）1500万元；

（5）拥有核心关键技术和属于本企业的知识产权，企业拥有与集成电路产品设计相关的已授权发明专利、布图设计登记、计算机软件著作权合计不少于8个；

（6）具有与集成电路设计相适应的软硬件设施等开发环境和经营场所，且必须使用正版的EDA等软硬件工具；

（7）汇算清缴年度未发生严重失信行为，重大安全、重大质量事故或严重环境违法行为。

2）国家鼓励的集成电路装备企业，必须同时满足以下条件：

（1）在中国境内（不包括港、澳、台地区）依法设立，从事集成电路专用装备或关键零部件研发、制造并具有独立法人资格的企业；

（2）汇算清缴年度具有劳动合同关系或劳务派遣、聘用关系且具有大学专科及以上学历月平均职工人数占企业当年月平均职工总人数的比例不低于40%，研究开发人员月平均数占企业当年月平均职工总数的比例不低于20%；

（3）汇算清缴年度用于集成电路装备或关键零部件研究开发费用总额占企业销售（营业）收入总额的比例不低于5%；

（4）汇算清缴年度集成电路装备或关键零部件销售收入占企业销售（营业）收入总额的比例不低于30%，且企业销售（营业）收入总额不低于（含）1500万元；

（5）拥有核心关键技术和属于本企业的知识产权，企业拥有与集成电路装备或关键零部件研发、制造相关的已授权发明专利数量不少于5个；

（6）具有与集成电路装备或关键零部件生产相适应的经营场所、软硬件设施等基本条件；

（7）汇算清缴年度未发生严重失信行为，重大安全、重大质量事故或严重环境违法行为。

3）国家鼓励的集成电路材料企业，必须同时满足以下条件：

（1）在中国境内（不包括港、澳、台地区）依法设立，从事集成电路专用材料研发、生产并具有独立法人资格的企业；

（2）汇算清缴年度具有劳动合同关系或劳务派遣、聘用关系且具有大学专科及以上学历月平均职工人数占企业当年月平均职工总人数的比例不低于40%，研究开发人员月平均数占企业当年月平均职工总数的比例不低于15%；

（3）汇算清缴年度用于集成电路材料研究开发费用总额占企业销售（营业）收入总额的比例不低于5%；

（4）汇算清缴年度集成电路材料销售收入占企业销售（营业）收入总额的比例不低于30%，且企业销售（营业）收入总额不低于（含）1000万元；

（5）拥有核心关键技术和属于本企业的知识产权，且企业拥有与集成电路材料研发、生产相关的已授权发明专利数量不少于5个；

（6）具有与集成电路材料生产相适应的经营场所、软硬件设施等基本条件；

（7）汇算清缴年度未发生严重失信行为，重大安全、重大质量事故或严重环境违法行为。

4）国家鼓励的集成电路封装、测试企业，必须同时满足以下条件：

（1）在中国境内（不包括港、澳、台地区）依法设立，从事集成电路封装、测试并具有独立法人资格的企业；

（2）汇算清缴年度具有劳动合同关系或劳务派遣、聘用关系且具有大学专科以上学历月平均职工人数占企业当年月平均职工总人数的比例不低于40%，研究开发人员月平均数占企业当年月平均职工总数的比例不低于15%；

（3）汇算清缴年度研究开发费用总额占企业销售（营业）收入总额的比

例不低于3%；

（4）汇算清缴年度集成电路封装、测试销售（营收）收入占企业收入总额的比例不低于60%，且企业收入总额不低于（含）2000万元；

（5）拥有核心关键技术和属于本企业的知识产权，且企业拥有与集成电路封装、测试相关的已授权发明专利、计算机软件著作权合计不少于5个；

（6）具有与集成电路芯片封装、测试相适应的经营场所、软硬件设施等基本条件；

（7）汇算清缴年度未发生严重失信行为，重大安全、重大质量事故或严重环境违法行为。

5）符合原有政策条件且在2019年（含）之前已经进入优惠期的企业，2020年（含）起可按原有政策规定继续享受至期满为止，如也符合本项优惠规定，可按规定享受相关优惠，其中定期减免税优惠，可按45号公告规定计算优惠期，并就剩余期限享受优惠至期满为止。符合原有政策条件，2019年（含）之前尚未进入优惠期的企业，2020年（含）起不再执行原有政策。

6）原有政策是指：依法成立且符合条件的集成电路设计企业，在2019年12月31日前自获利年度起计算优惠期，第一年至第二年免征企业所得税，第三年至第五年按照25%的法定税率减半征收企业所得税，并享受至期满为止。其中，"符合条件"是指符合《财政部　国家税务总局关于进一步鼓励软件产业和集成电路产业发展企业所得税政策的通知》（财税〔2012〕27号）和《财政部　国家税务总局　发展改革委　工业和信息化部关于软件和集成电路产业企业所得税优惠政策有关问题的通知》（财税〔2016〕49号）规定的条件。

符合条件的集成电路封装、测试企业以及集成电路关键专用材料生产企业、集成电路专用设备生产企业，在2017年（含2017年）前实现获利的，自获利年度起，第一年至第二年免征企业所得税，第三年至第五年按照25%的法定税率减半征收企业所得税，并享受至期满为止；2017年前未实现获利的，自2017年起计算优惠期，享受至期满为止。其中，"符合条件"是指符合《财政部　国家税务总局　发展改革委　工业和信息化部关于进一步鼓励集成电路产业发展企业所得税政策的通知》（财税〔2015〕6号）规定的条件。

7）集成电路企业按照45号公告规定同时符合多项定期减免税优惠政策条件的，由企业选择其中一项政策享受相关优惠。其中，已经进入优惠期的，可由企业在剩余期限内选择其中一项政策享受相关优惠。

政策依据

1）《财政部　国家税务总局关于进一步鼓励软件产业和集成电路产业发展企业所得税政策的通知》（财税〔2012〕27号）第三条（见P8　2－1）

2）《财政部　国家税务总局　发展改革委　工业和信息化部关于软件和集成电路产业企业所得税优惠政策有关问题的通知》（财税〔2016〕49号）第三条

3）《财政部　税务总局关于集成电路设计和软件产业企业所得税政策的公告》（财政部　税务总局公告2019年第68号）（见P14　2－3）

4）《财政部　税务总局关于集成电路设计企业和软件企业2019年度企业所得税汇算清缴适用政策的公告》（财政部　税务总局公告2020年第29号）（见P15　2－4）

5）《财政部　国家税务总局　发展改革委　工业和信息化部关于进一步鼓励集成电路产业发展企业所得税政策的通知》（财税〔2015〕6号）

6）《财政部　税务总局　发展改革委　工业和信息化部关于促进集成电路产业和软件产业高质量发展企业所得税政策的公告》（财政部　税务总局　发展改革委　工业和信息化部公告2020年第45号）第三条、第五条、第六条、第九条（见P15　2－5）

7）《工业和信息化部　国家发展改革委　财政部　国家税务总局公告2021年第9号》

延伸阅读

18－1　《财政部　国家税务总局　发展改革委　工业和信息化部关于软件和集成电路产业企业所得税优惠政策有关问题的通知》第三条

2016年5月4日　财税〔2016〕49号

三、财税〔2012〕27号文件所称集成电路设计企业是指以集成电路设计为主营业务并同时符合下列条件的企业：

（一）在中国境内（不包括港、澳、台地区）依法注册的居民企业；

（二）汇算清缴年度具有劳动合同关系且具有大学专科以上学历的职工人数占企业月平均职工总人数的比例不低40%，其中研究开发人员占企业月平均职工总数的比例不低于20%；

（三）拥有核心关键技术，并以此为基础开展经营活动，且汇算清缴年度研究开发费用总额占企业销售（营业）收入总额的比例不低于6%；其中，企业在中国境内发生的研究开发费用金额占研究开发费用总额的比例不低于60%；

（四）汇算清缴年度集成电路设计销售（营业）收入占企业收入总额的比例不低于60%，其中集成电路自主设计销售（营业）收入占企业收入总额的比例不低于50%；

（五）主营业务拥有自主知识产权；

（六）具有与集成电路设计相适应的软硬件设施等开发环境（如EDA工具、服务器或工作站等）；

（七）汇算清缴年度未发生重大安全、重大质量事故或严重环境违法行为。

18－2 《财政部　国家税务总局　发展改革委　工业和信息化部关于进一步鼓励集成电路产业发展企业所得税政策的通知》

2015年2月9日　财税〔2015〕6号

各省、自治区、直辖市、计划单列市财政厅（局）、国家税务局、地方税务局、发展改革委、工业和信息化主管部门：

根据《中华人民共和国企业所得税法》及其实施条例和《国务院关于印发进一步鼓励软件产业和集成电路产业发展若干政策的通知》（国发〔2011〕4号）、《国家集成电路产业发展推进纲要》精神，为进一步推动科技创新和产业结构升级，促进信息技术产业发展，现将进一步鼓励集成电路产业发展的企业所得税政策通知如下：

一、符合条件的集成电路封装、测试企业以及集成电路关键专用材料生产企业、集成电路专用设备生产企业，在2017年（含2017年）前实现获利的，自获利年度起，第一年至第二年免征企业所得税，第三年至第五年按照25%的法定税率减半征收企业所得税，并享受至期满为止；2017年前未实现获利的，自2017年起计算优惠期，享受至期满为止。

二、本通知所称符合条件的集成电路封装、测试企业，必须同时满足以下条件：

1. 2014年1月1日后依法在中国境内成立的法人企业；

2. 签订劳动合同关系且具有大学专科以上学历的职工人数占企业当年月平均职工总人数的比例不低于40%，其中，研究开发人员占企业当年月平均职工总数的比例不低于20%；

3. 拥有核心关键技术，并以此为基础开展经营活动，且当年度的研究开发费用总额占企业销售（营业）收入（主营业务收入与其他业务收入之和，下同）总额的比例不低于3.5%，其中，企业在中国境内发生的研究开发费用金额占研究开发费用总额的比例不低于60%；

4. 集成电路封装、测试销售（营业）收入占企业收入总额的比例不低于60%；

5. 具有保证产品生产的手段和能力，并获得有关资质认证（包括ISO质量体系认证、人力资源能力认证等）；

6. 具有与集成电路封装、测试相适应的经营场所、软硬件设施等基本条件。

三、本通知所称符合条件的集成电路关键专用材料生产企业或集成电路专用设备生产企业，必须同时满足以下条件：

1. 2014年1月1日后依法在中国境内成立的法人企业；

2. 签订劳动合同关系且具有大学专科以上学历的职工人数占企业当年月平均职工总人数的比例不低于40%，其中，研究开发人员占企业当年月平均职工总数的比例不低于20%；

3. 拥有核心关键技术，并以此为基础开展经营活动，且当年度的研究开发费用总额占企业销售（营业）收入总额的比例不低于5%，其中，企业在中国境内发生的研究开发费用金额占研究开发费用总额的比例不低于60%；

4. 集成电路关键专用材料或专用设备销售收入占企业销售（营业）收入总额的比例不低于30%；

5. 具有保证集成电路关键专用材料或专用设备产品生产的手段和能力，

并获得有关资质认证（包括ISO质量体系认证、人力资源能力认证等）；

6. 具有与集成电路关键专用材料或专用设备生产相适应的经营场所、软硬件设施等基本条件。

集成电路关键专用材料或专用设备的范围，分别按照《集成电路关键专用材料企业所得税优惠目录》（附件1）、《集成电路专用设备企业所得税优惠目录》（附件2）的规定执行。

四、符合本通知规定条件的企业，应在年度终了之日起4个月内，按照本通知及企业所得税相关税收优惠政策管理的规定，凭省级相关部门出具的证明向主管税务机关办理减免税手续。

省级相关部门证明出具办法，由各省（自治区、直辖市、计划单列市）发展改革委、工业和信息化主管部门会同财政、税务等部门研究确定。

五、享受上述税收优惠的企业有下述情况之一的，应取消其享受税收优惠的资格，并补缴存在以下行为所属年度已减免的企业所得税税款：

1. 在申请认定过程中提供虚假信息的；

2. 有偷、骗税等行为的；

3. 发生重大安全、质量事故的；

4. 有环境等违法、违规行为，受到有关部门处罚的。

六、享受税收优惠的企业，其税收优惠条件发生变化的，应当自发生变化之日起15日内向主管税务机关报告；不再符合税收优惠条件的，应当依法履行纳税义务；未依法纳税的，主管税务机关应当予以追缴。同时，主管税务机关在执行税收优惠政策过程中，发现企业不符合享受税收优惠条件的，可暂停企业享受的相关税收优惠，并提请相关部门进行有关条件复核。

七、集成电路封装、测试企业以及集成电路关键专用材料生产企业、集成电路专用设备生产企业等依照本通知规定可以享受的企业所得税优惠政策与其他定期减免税优惠政策存在交叉的，由企业选择一项最优惠政策执行，不叠加享受。

八、本通知自2014年1月1日起执行。

附件：1. 集成电路关键专用材料企业所得税优惠目录（编者略）

2. 集成电路专用设备企业所得税优惠目录（编者略）

18－3 《工业和信息化部　国家发展改革委　财政部　国家税务总局公告2021年第9号》

2021年4月22日

根据《国务院关于印发新时期促进集成电路产业和软件产业高质量发展若干政策的通知》（国发〔2020〕8号，以下简称《若干政策》）及其配套税收政策有关要求，现将《若干政策》第二条所称国家鼓励的集成电路设计、装备、材料、封装、测试企业条件公告如下：

一、《若干政策》所称国家鼓励的集成电路设计企业，必须同时满足以下条件：

（一）在中国境内（不包括港、澳、台地区）依法设立，从事集成电路设计、电子设计自动化（EDA）工具开发或知识产权（IP）核设计并具有独立法人资格的企业；

（二）汇算清缴年度具有劳动合同关系或劳务派遣、聘用关系的月平均职工人数不少于20人，其中具有本科及以上学历月平均职工人数占企业月平均职工总人数的比例不低于50%，研究开发人员月平均数占企业月平均职工总数的比例不低于40%；

（三）汇算清缴年度研究开发费用总额占企业销售（营业）收入（主营业务收入与其他业务收入之和，下同）总额的比例不低于6%；

（四）汇算清缴年度集成电路设计（含EDA工具、IP和设计服务，下同）销售（营业）收入占企业收入总额的比例不低于60%，其中自主设计销售（营业）收入占企业收入总额的比例不低于50%，且企业收入总额不低于（含）1500万元；

（五）拥有核心关键技术和属于本企业的知识产权，企业拥有与集成电路产品设计相关的已授权发明专利、布图设计登记、计算机软件著作权合计不少于8个；

（六）具有与集成电路设计相适应的软硬件设施等开发环境和经营场所，且必须使用正版的EDA等软硬件工具；

（七）汇算清缴年度未发生严重失信行为，重大安全、重大质量事故或严重环境违法行为。

二、《若干政策》所称国家鼓励的集成电路装备企业，必须同时满足以下条件：

（一）在中国境内（不包括港、澳、台地区）依法设立，从事集成电路专用装备或关键零部件研发、制造并具有独立法人资格的企业；

（二）汇算清缴年度具有劳动合同关系或劳务派遣、聘用关系且具有大学专科及以上学历月平均职工人数占企业当年月平均职工总人数的比例不低于40%，研究开发人员月平均数占企业当年月平均职工总数的比例不低于20%；

（三）汇算清缴年度用于集成电路装备或关键零部件研究开发费用总额占企业销售（营业）收入总额的比例不低于5%；

（四）汇算清缴年度集成电路装备或关键零部件销售收入占企业销售（营业）收入总额的比例不低于30%，且企业销售（营业）收入总额不低于（含）1500万元；

（五）拥有核心关键技术和属于本企业的知识产权，企业拥有与集成电路装备或关键零部件研发、制造相关的已授权发明专利数量不少于5个；

（六）具有与集成电路装备或关键零部件生产相适应的经营场所、软硬件设施等基本条件；

（七）汇算清缴年度未发生严重失信行为，重大安全、重大质量事故或严重环境违法行为。

三、《若干政策》所称国家鼓励的集成电路材料企业，必须同时满足以下条件：

（一）在中国境内（不包括港、澳、台地区）依法设立，从事集成电路专用材料研发、生产并具有独立法人资格的企业；

（二）汇算清缴年度具有劳动合同关系或劳务派遣、聘用关系且具有大学专科及以上学历月平均职工人数占企业当年月平均职工总人数的比例不低于40%，研究开发人员月平均数占企业当年月平均职工总数的比例不低于15%；

（三）汇算清缴年度用于集成电路材料研究开发费用总额占企业销售（营业）收入总额的比例不低于5%；

（四）汇算清缴年度集成电路材料销售收入占企业销售（营业）收入总额的比例不低于30%，且企业销售（营业）收入总额不低于（含）1000万元；

（五）拥有核心关键技术和属于本企业的知识产权，且企业拥有与集成电路材料研发、生产相关的已授权发明专利数量不少于5个；

（六）具有与集成电路材料生产相适应的经营场所、软硬件设施等基本条件；

（七）汇算清缴年度未发生严重失信行为，重大安全、重大质量事故或严重环境违法行为。

四、《若干政策》所称国家鼓励的集成电路封装、测试企业，必须同时满足以下条件：

（一）在中国境内（不包括港、澳、台地区）依法设立，从事集成电路封装、测试并具有独立法人资格的企业；

（二）汇算清缴年度具有劳动合同关系或劳务派遣、聘用关系且具有大学专科以上学历月平均职工人数占企业当年月平均职工总人数的比例不低于40%，研究开发人员月平均数占企业当年月平均职工总数的比例不低于15%；

（三）汇算清缴年度研究开发费用总额占企业销售（营业）收入总额的比例不低于3%；

（四）汇算清缴年度集成电路封装、测试销售（营收）收入占企业收入总额的比例不低于60%，且企业收入总额不低于（含）2000万元；

（五）拥有核心关键技术和属于本企业的知识产权，且企业拥有与集成电路封装、测试相关的已授权发明专利、计算机软件著作权合计不少于5个；

（六）具有与集成电路芯片封装、测试相适应的经营场所、软硬件设施等基本条件；

（七）汇算清缴年度未发生严重失信行为，重大安全、重大质量事故或严重环境违法行为。

五、本公告企业条件中所称研究开发费用政策口径，按照《财政部 国家税务总局 科技部关于完善研究开发费用税前加计扣除政策的通知》（财税〔2015〕119号）和《国家税务总局关于研发费用税前加计扣除归集范围有关问题的公告》（国家税务总局公告2017年第40号）等规定执行。

六、符合条件的集成电路设计、装备、材料、封装、测试企业，按照《国家税务总局关于发布修订后的〈企业所得税优惠政策事项办理办法〉的公告》（国家税务总局公告2018年第23号）规定的“自行判别、申报享受、相关资料留存备查”的办理方式享受税收优惠，主要留存备查资料见附件。享受优惠的企业在完成年度汇算清缴后，按要求将主要留存备查资料提交税务机关，由税务机关按照财税〔2016〕49号第十条规定转请省级工业和信息化主管部门进行核查。

七、本公告自2020年1月1日起实施，由工业和信息化部会同国家发展改革委、财政部、税务总局负责解释。

附件：享受企业所得税优惠政策的国家鼓励的集成电路设计、装备、材料、封装、测试企业主要留存备查资料

附件

享受企业所得税优惠政策的国家鼓励的

集成电路设计、装备、材料、封装、测试企业主要留存备查资料

企业类型	资料清单（复印件须加盖企业公章）
集成电路设计企业	1. 企业法人营业执照副本、企业取得的其他相关资质证书等； 2. 企业职工人数、学历结构、研究开发人员情况及其占企业职工总数的比例说明，企业研究开发人员名单，以及汇算清缴年度最后一个月的企业职工社会保险缴纳证明（包括劳务派遣人员代缴社保付款凭证）等相关材料； 3. 企业开发销售的主要产品和服务列表（名称/领域/对应销售（营业）收入规模）； 4. 企业拥有与主营产品相关的不少于8项的已授权发明专利、布图设计登记、计算机软件著作权登记证书的材料； 5. 经具有资质的中介机构鉴证的汇算清缴年度企业会计报告（包括会计报表、会计报表附注和财务情况说明书等），以及集成电路设计销售（营业）收入、集成电路自主设计销售（营业）收入、研究开发费用等情况表； 6. 第三方检测机构提供的集成电路主要产品测试报告或用户报告，以及与主要客户签订的一至两份代表性销售合同复印件； 7. 企业具有与集成电路设计相适应的软硬件设施等开发环境的材料。
集成电路装备企业	1. 企业法人营业执照副本、企业取得的其他相关资质证书等； 2. 企业职工人数、学历结构、研究开发人员情况及其占企业职工总数的比例说明，企业研究开发人员名单，以及汇算清缴年度最后一个月的企业职工社会保险缴纳证明（包括劳务派遣人员代缴社保付款凭证）等相关材料； 3. 企业开发销售的主要产品列表（名称/规格）； 4. 企业拥有与主营产品相关的不少于5项的已授权发明专利材料； 5. 经具有资质的中介机构鉴证的汇算清缴年度企业会计报告（包括会计报表、会计报表附注和财务情况说明书等），以及集成电路装备销售（营业）收入、研究开发费用等情况表； 6. 与主要客户签订的一至两份代表性销售合同复印件； 7. 企业具有与集成电路装备生产相适应的经营场所、软硬件设施等材料。
集成电路材料企业	1. 企业法人营业执照副本、企业取得的其他相关资质证书等； 2. 企业职工人数、学历结构、研究开发人员情况及其占企业职工总数的比例说明，企业研究开发人员名单，以及汇算清缴年度最后一个月的企业职工社会保险缴纳证明（包括劳务派遣人员代缴社保付款凭证）等相关材料； 3. 企业开发销售的主要产品列表（名称/规格）； 4. 企业拥有与主营产品相关的不少于5项的已授权发明专利材料； 5. 经具有资质的中介机构鉴证的汇算清缴年度企业会计报告（包括会计报表、会计报表附注和财务情况说明书等），以及集成电路材料销售（营业）收入、研究开发费用等情况表； 6. 与主要客户签订的一至两份代表性销售合同复印件； 7. 企业具有与集成电路材料生产相适应的经营场所、软硬件设施等材料。

续表

企业类型	资料清单（复印件须加盖企业公章）
集成电路封装、测试企业	1. 企业法人营业执照副本、企业取得的其他相关资质证书等； 2. 企业职工人数、学历结构、研究开发人员情况及其占企业职工总数的比例说明，企业研究开发人员名单，以及汇算清缴年度最后一个月的企业职工社会保险缴纳证明（包括劳务派遣人员代缴社保付款凭证）等相关材料； 3. 企业开发销售的主要产品列表（名称/规格）； 4. 企业拥有与主营产品相关的不少于 5 项的已授权发明专利、计算机软件著作权登记证书的材料； 5. 经具有资质的中介机构鉴证的汇算清缴年度企业会计报告（包括会计报表、会计报表附注和财务情况说明书等），以及集成电路封装、测试销售（营业）收入、研究开发费用等情况表； 6. 与主要客户签订的一至两份代表性销售合同复印件； 7. 企业具有与集成电路封装、测试相适应的经营场所、软硬件设施等材料。

19. 国家鼓励的重点集成电路设计企业定期减免企业所得税

享受主体

国家鼓励的重点集成电路设计企业。

优惠内容

自 2020 年 1 月 1 日起，国家鼓励的重点集成电路设计企业，自获利年度起，第一年至第五年免征企业所得税，接续年度减按 10% 的税率征收企业所得税。

享受条件

1）国家鼓励的重点集成电路设计清单由国家发展改革委、工业和信息化部会同财政部、税务总局等相关部门制定。

2）国家鼓励的重点集成电路设计企业除了满足《工业和信息化部　国家发展改革委　财政部　国家税务总局公告 2021 年第 9 号》第一条中国家鼓励的集成电路设计企业条件外，还应符合以下条件：

（1）汇算清缴年度具有劳动合同关系或劳务派遣、聘用关系，其中具有本科及以上学历月平均职工人数占企业月平均职工总人数的比例不低于50%，研究开发人员月平均数占企业月平均职工总数的比例不低于40%。

（2）拥有关键核心技术，并以此为基础开展经营活动，且汇算清缴年度研究开发费用总额占企业销售（营业）收入（主营业务收入与其他业务收入之和）总额的比例不低于6%。

（3）汇算清缴年度集成电路设计（含EDA工具、IP和设计服务，下同）销售（营业）收入占企业收入总额的比例不低于70%，其中集成电路自主设计销售（营业）收入占企业收入总额的比例不低于60%；对于集成电路设计销售（营业）收入超过50亿元的企业，汇算清缴年度集成电路设计销售（营业）收入占企业收入总额的比例不低于60%，其中集成电路自主设计销售（营业）收入占企业收入总额的比例不低于50%。

（4）企业拥有核心关键技术和属于本企业的知识产权，企业拥有与集成电路产品设计相关的已授权发明专利、布图设计登记、计算机软件著作权合计不少于8个。

除以上条件外，还应至少符合下列条件中的一项：

（1）汇算清缴年度，集成电路设计销售（营业）收入不低于5亿元，应纳税所得额不低于3000万元；对于集成电路设计销售（营业）收入不低于50亿元的企业，可不要求应纳税所得额，但研究开发费用总额占企业销售（营业）收入（主营业务收入与其他业务收入之和）总额的比例不低于8%。

（2）在国家鼓励的重点集成电路设计领域内，汇算清缴年度集成电路设计销售（营业）收入不低于3000万元，应纳税所得额不低于350万元。

3）符合原有政策条件且在2019年（含）之前已经进入优惠期的企业，2020年（含）起可按原有政策规定继续享受至期满为止，如也符合本项优惠规定，可按规定享受相关优惠，其中定期减免税优惠，可按45号公告规定计算优惠期，并就剩余期限享受优惠至期满为止。符合原有政策条件，2019年（含）之前尚未进入优惠期的企业，2020年（含）起不再执行原有政策。

4）集成电路企业按照45号公告规定同时符合多项定期减免税优惠政策条件的，由企业选择其中一项政策享受相关优惠。其中，已经进入优惠期的，可由企业在剩余期限内选择其中一项政策享受相关优惠。

政策依据

1)《财政部 税务总局 发展改革委 工业和信息化部关于促进集成电路产业和软件产业高质量发展企业所得税政策的公告》(财政部 税务总局 发展改革委 工业和信息化部公告 2020 年第 45 号)第四条至第六条、第九条(见 P19 3-1)

2)《工业和信息化部 国家发展改革委 财政部 国家税务总局公告 2021 年第 9 号》第一条

3)《国家发展改革委 工业和信息化部 财政部 海关总署 税务总局关于做好享受税收优惠政策的集成电路企业或项目、软件企业清单制定工作有关要求的通知》(发改高技〔2021〕413 号)(见 P20 3-2)

延伸阅读

19-1 《工业和信息化部 国家发展改革委 财政部 国家税务总局公告 2021 年第 9 号》第一条

2021 年 4 月 22 日

一、《若干政策》所称国家鼓励的集成电路设计企业，必须同时满足以下条件：

(一)在中国境内(不包括港、澳、台地区)依法设立，从事集成电路设计、电子设计自动化(EDA)工具开发或知识产权(IP)核设计并具有独立法人资格的企业；

(二)汇算清缴年度具有劳动合同关系或劳务派遣、聘用关系的月平均职工人数不少于 20 人，其中具有本科及以上学历月平均职工人数占企业月平均职工总人数的比例不低于 50%，研究开发人员月平均数占企业月平均职工总数的比例不低于 40%；

(三)汇算清缴年度研究开发费用总额占企业销售(营业)收入(主营业务收入与其他业务收入之和，下同)总额的比例不低于 6%；

（四）汇算清缴年度集成电路设计（含 EDA 工具、IP 和设计服务，下同）销售（营业）收入占企业收入总额的比例不低于 60%，其中自主设计销售（营业）收入占企业收入总额的比例不低于 50%，且企业收入总额不低于（含）1500 万元；

（五）拥有核心关键技术和属于本企业的知识产权，企业拥有与集成电路产品设计相关的已授权发明专利、布图设计登记、计算机软件著作权合计不少于 8 个；

（六）具有与集成电路设计相适应的软硬件设施等开发环境和经营场所，且必须使用正版的 EDA 等软硬件工具；

（七）汇算清缴年度未发生严重失信行为，重大安全、重大质量事故或严重环境违法行为。

20. 集成电路生产企业生产设备缩短折旧年限

享受主体

集成电路生产企业。

优惠内容

集成电路生产企业的生产设备，其折旧年限可以适当缩短，最短可为 3 年（含）。

享受条件

集成电路生产企业享受税收优惠政策条件如下：

1）在中国境内（不包括港、澳、台地区）依法注册并具有独立法人资格的企业；

2）符合国家布局规划和产业政策；

3）汇算清缴年度，具有劳动合同关系或劳务派遣、聘用关系，其中具有本科及以上学历月平均职工人数占企业月平均职工总人数的比例不低于

30%，研究开发人员月平均数占企业月平均职工总数的比例不低于 20%（从事 8 英寸及以下集成电路生产的不低于 15%）；

4）企业拥有关键核心技术和属于本企业的知识产权，并以此为基础开展经营活动，且汇算清缴年度研究开发费用总额占企业销售（营业）收入（主营业务收入与其他业务收入之和）总额的比例不低于 2%；

5）汇算清缴年度集成电路制造销售（营业）收入占企业收入总额的比例不低于 60%；

6）具有保证相关工艺线宽产品生产的手段和能力；

7）汇算清缴年度未发生重大安全、重大质量事故或严重环境违法行为；

8）对于按照集成电路生产项目享受税收优惠政策的，项目主体企业应符合相应的集成电路生产企业条件，且能够对该项目单独进行会计核算、计算所得，并合理分摊期间费用。

政策依据

1）《财政部　国家税务总局关于进一步鼓励软件产业和集成电路产业发展企业所得税政策的通知》（财税〔2012〕27 号）第八条

2）《国家发展改革委　工业和信息化部　财政部　海关总署　税务总局关于做好享受税收优惠政策的集成电路企业或项目、软件企业清单制定工作有关要求的通知》（发改高技〔2021〕413 号）（见 P20　3－2）

延伸阅读

20－1 《财政部　国家税务总局关于进一步鼓励软件产业和集成电路产业发展企业所得税政策的通知》第八条

2012 年 4 月 20 日　财税〔2012〕27 号

八、集成电路生产企业的生产设备，其折旧年限可以适当缩短，最短可为 3 年（含）。

延伸阅读索引

---

* 圈码表示延伸阅读索引文件的页码。

15 2－5 《财政部　税务总局　发展改革委　工业和信息化部关于促进集成电路产业和软件产业高质量发展企业所得税政策的公告》（财政部　税务总局　发展改革委　工业和信息化部公告 2020 年第 45 号）第三条、第五条、第六条、第九条

16 2－6 《工业和信息化部　国家发展改革委　财政部　国家税务总局公告 2021 年第 10 号》

19 3－1 《财政部　税务总局　发展改革委　工业和信息化部关于促进集成电路产业和软件产业高质量发展企业所得税政策的公告》（财政部　税务总局　发展改革委　工业和信息化部公告 2020 年第 45 号）第四条至第六条、第九条

20 3－2 《国家发展改革委　工业和信息化部　财政部　海关总署　税务总局关于做好享受税收优惠政策的集成电路企业或项目、软件企业清单制定工作有关要求的通知》（发改高技〔2021〕413 号）

32 4－1 《财政部　国家税务总局关于进一步鼓励软件产业和集成电路产业发展企业所得税政策的通知》（财税〔2012〕27 号）第五条

34 5－1 《财政部　国家税务总局关于进一步鼓励软件产业和集成电路产业发展企业所得税政策的通知》（财税〔2012〕27 号）第六条

35 6－1 《财政部　国家税务总局关于进一步鼓励软件产业和集成电路产业发展企业所得税政策的通知》（财税〔2012〕27 号）第七条

37 7－1 《财政部　国家税务总局关于退还集成电路企业采购设备增值税期末留抵税额的通知》（财税〔2011〕107 号）

39 7－2 《中华人民共和国增值税暂行条例实施细则》第二十一条第二款

66 16－1 《财政部 税务总局 国家发展改革委 工业和信息化部关于集成电路生产企业有关企业所得税政策问题的通知》（财税〔2018〕27号）第一条

68 17－1 《财政部 税务总局 发展改革委 工业和信息化部关于促进集成电路产业和软件产业高质量发展企业所得税政策的公告》（财政部 税务总局 发展改革委 工业和信息化部公告2020年第45号）第二条

72 18－1 《财政部 国家税务总局 发展改革委 工业和信息化部关于软件和集成电路产业企业所得税优惠政策有关问题的通知》（财税〔2016〕49号）第三条

73 18－2 《财政部 国家税务总局 发展改革委 工业和信息化部关于进一步鼓励集成电路产业发展企业所得税政策的通知》（财税〔2015〕6号）

76 18－3 《工业和信息化部 国家发展改革委 财政部 国家税务总局公告2021年第9号》

82 19－1 《工业和信息化部 国家发展改革委 财政部 国家税务总局公告2021年第9号》第一条

84 20－1 《财政部 国家税务总局关于进一步鼓励软件产业和集成电路产业发展企业所得税政策的通知》（财税〔2012〕27号）第八条